都市ガスはどのようにして安全になったのか？

―ガス機器保安の歴史と近代化への道―

まえがき

「歴史に学べ」とよく言われる様に、過去におきた事実に学び、それを後世に伝えることには重要な意義があります。

日本の都市ガス事業の歴史は、明治初期、横浜で照明用のガス灯のための都市ガス供給から始まりました。明治18（1885）年、民間で初めての本格的な都市ガス事業として東京瓦斯がスタートし、現在まで、約130年の歴史を刻んでいます。その中でも、昭和30年代~50年代は、都市ガス事業にとっての最重要課題、すなわち、「使用時の安全性の確保」という面において、大きな変革があった時期であると言えます。本書では、この時期に焦点をあて、「都市ガスの安全化」への道のりを検証したいと思います。

現在、都市ガス事故関連での死亡者数は「ゼロベース（ゼロに近いレベル）」ですが、昭和30~50年代には、全国レベルで年間約100名の死亡者数が記録されています。昭和20（1945）年に第二次世界大戦が終了し、戦後の復興期を経て、昭和30（1955）年ごろから日本経済の急成長にともない、国民の所得が向上しました。各種商品の購買力が増していくなか、それに付随して「社会の歪み」とも言えるような現象が各方面で出てきます。都市ガス業界でもその傾向は同様で、需要家数（ガスを利用する消費者数）が急激に増加し、国民の生活は便利なものになった反面、ガス機器に関する事故が多発、多くの犠牲者が出たことから、安全対策は急務とされていました。

安全対策における変革の柱は大きく2つありました。

1つは、事故対策に対する姿勢の転換でした。昭和30年代の家庭用のガス機器関連の事故対策は、普及数が少ないこともあり、「事後対応型（事故がおきてからの対応策）」の考え方で進められていました。これを、人の生命・財産を守るためには、たとえ使用者のミスであっても大きな事故にしないことを目指す「予防保全型」（自主保安の思想）の政策に転換したのです。

都市ガス業界では、「ハード対策」（機器などに安全装置を組み込む）を重視して、安全化機器の開発・販売・普及を図り、「ソフト対策」（安全のための周知）としてはガス使用者への日常的な対応など、着々と地道な活動を進めました。更なる発展型として、各需要家に「マイコンメーター」を設置、この「マイコンメーター」の感震機能により、大地震発生時にはガスが自動遮断し、火災などの事故防止に有効な効果が発揮されています。

このような対策は、ガス事故の減少に大きく寄与しています。

2つ目は、昭和44（1969）年、東京ガスが、日本で初めて液化天然ガス（LNG）を導入したことです。これにより、都市ガス原料無公害化とCO（都市ガス中毒事故発生源の一酸化炭素）がゼロ化されることになりました。

以上、この2つの大きな出来事が成し遂げられた点から、昭和30〜50年代がガス事業の歴史上、重要な転換期だったといえるのです。

その後も、安全性・操作性・効率性などに優れた新機器の開発・販売・普及の追求は現在に至るまで行われており、それが今日の安全化・高度化につながっています。経済産業省等の資料（6〜9ページ参照）によると、都市ガス事故による死亡者数は、当時に比べると、平成に入ってから99％減少、現状では重要事故（死亡者数）がゼロに近いレベルになっています。

私は、当時、大手都市ガス事業者の保安担当者として、業界の活動に関わった経験から、当時の都市ガス業界や諸官庁・関係の諸団体・業界の皆様方の努力を目の当たりにして参りました。常々、「都市ガスの安全化」に至るまでを記録として残し、後世に伝えるべきではないかと痛感しておりましたが、幸い、この度、過去に保安業務を担当された方々の御賛同や御協力を得て編集委員会を発足、一冊の本にまとめることになりました。

本書の制作にあたっては、当時、当該業務に関与された多数の皆様方の情報や意見を採り入れて記録し、編集しております。
この本が世に出ることにより、当時、日本ガス協会に所属していた都市ガス事業者や業務関係者、あるいは関係諸官庁、関連業界の方など、各所で尽力された皆様の努力が少しでも報われることを願ってやみません。

二〇一九年十一月吉日

「都市ガスはどのようにして安全になったのか？」編集委員会

代表　竹中　富知男

経済産業省 商務流通保安グループ 策定）

●他方、設備の老朽化、知識・経験不足による不適切な対応を原因とする重大事故は引き続き発生。

電気（感電死傷事故件数）

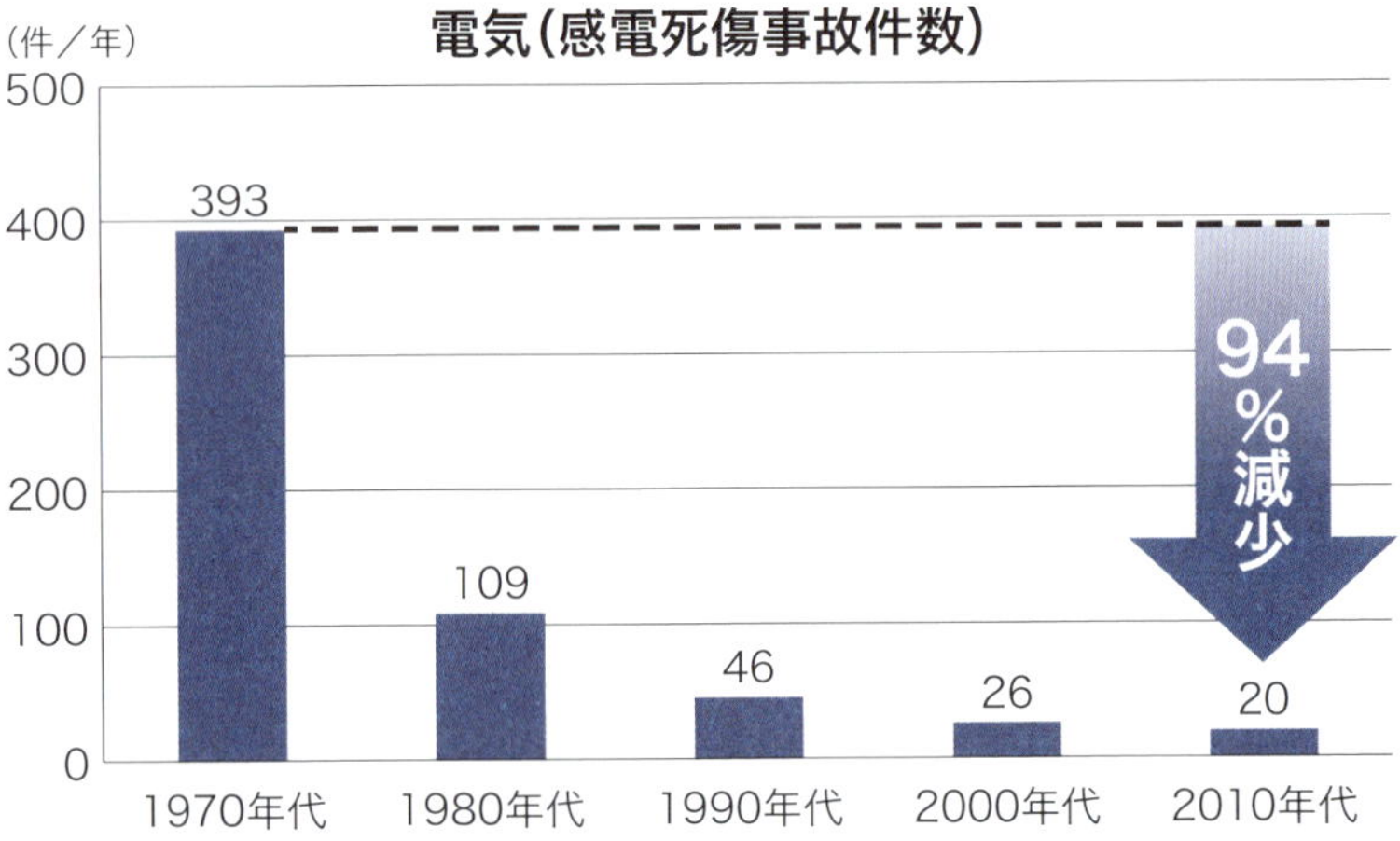

出典：電気保安統計

火薬類（死傷者数）

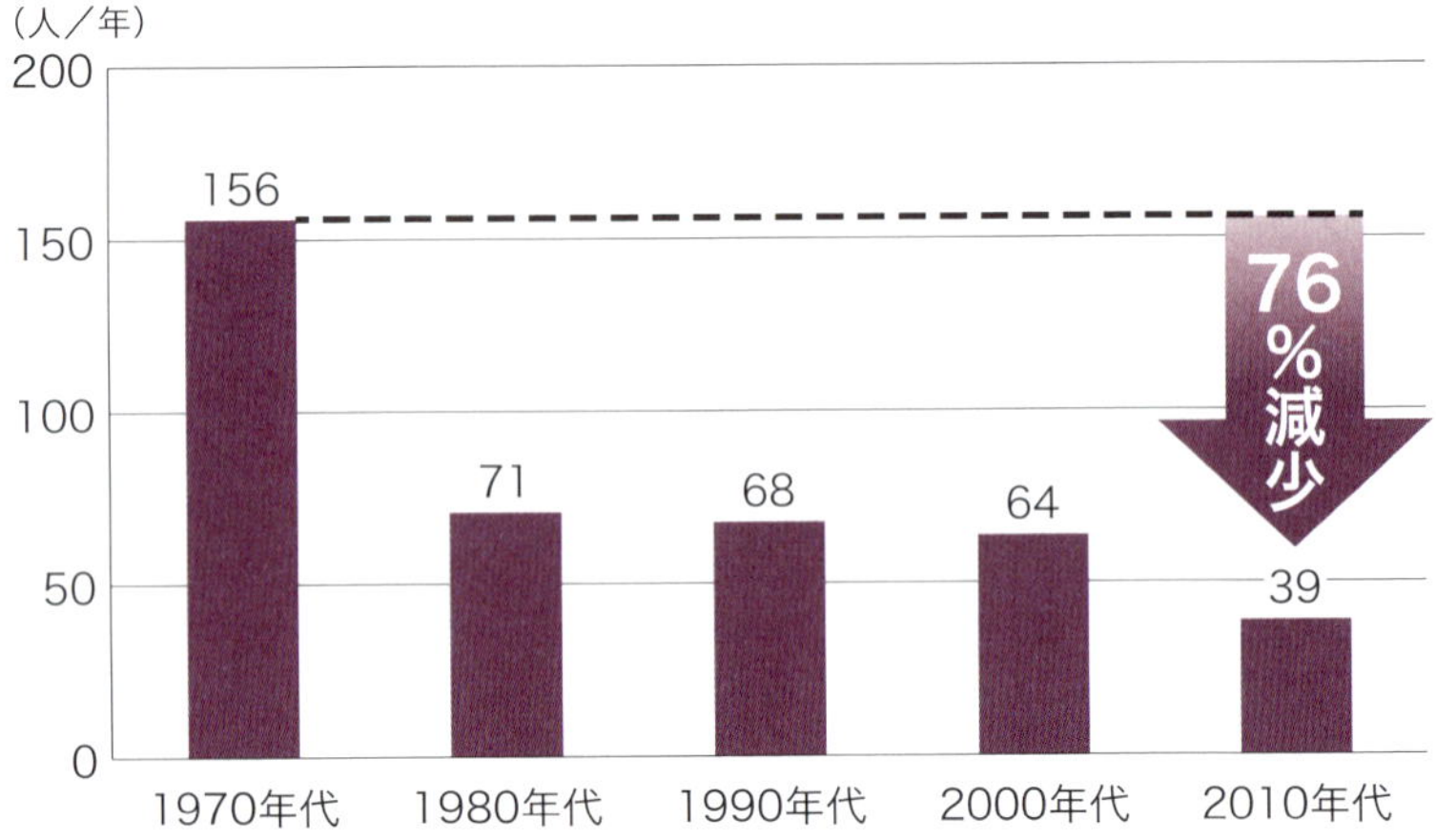

出典：火薬類災害事故年報

「最近の事故の状況について」(平成29年4月10日

■事故による死傷者数等の中長期的な推移(各年代の平均)

●保安技術の進歩、保安意識の高まり等により、事故に伴う死傷者数は、大きく減少。

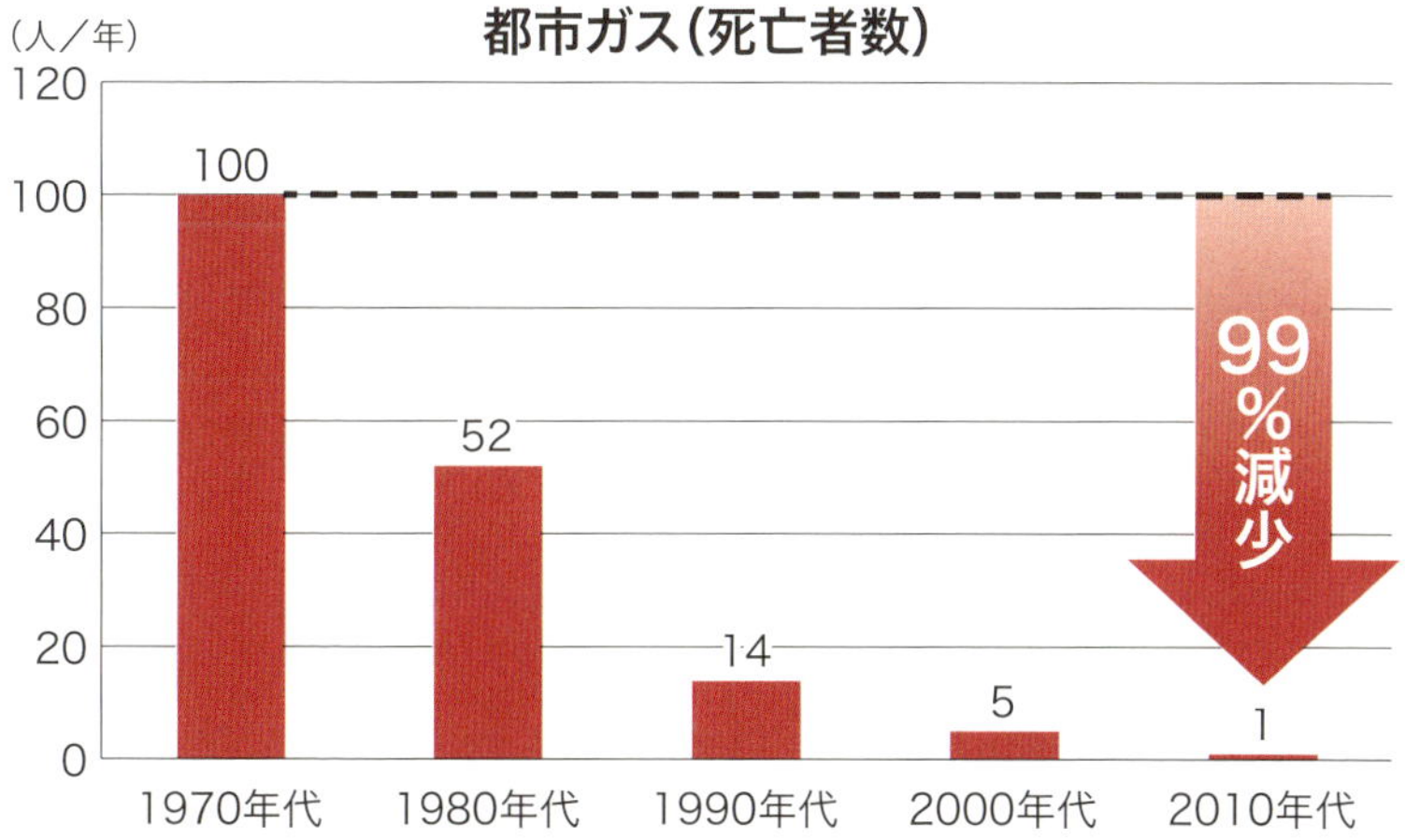

出典:一般社団法人日本ガス協会

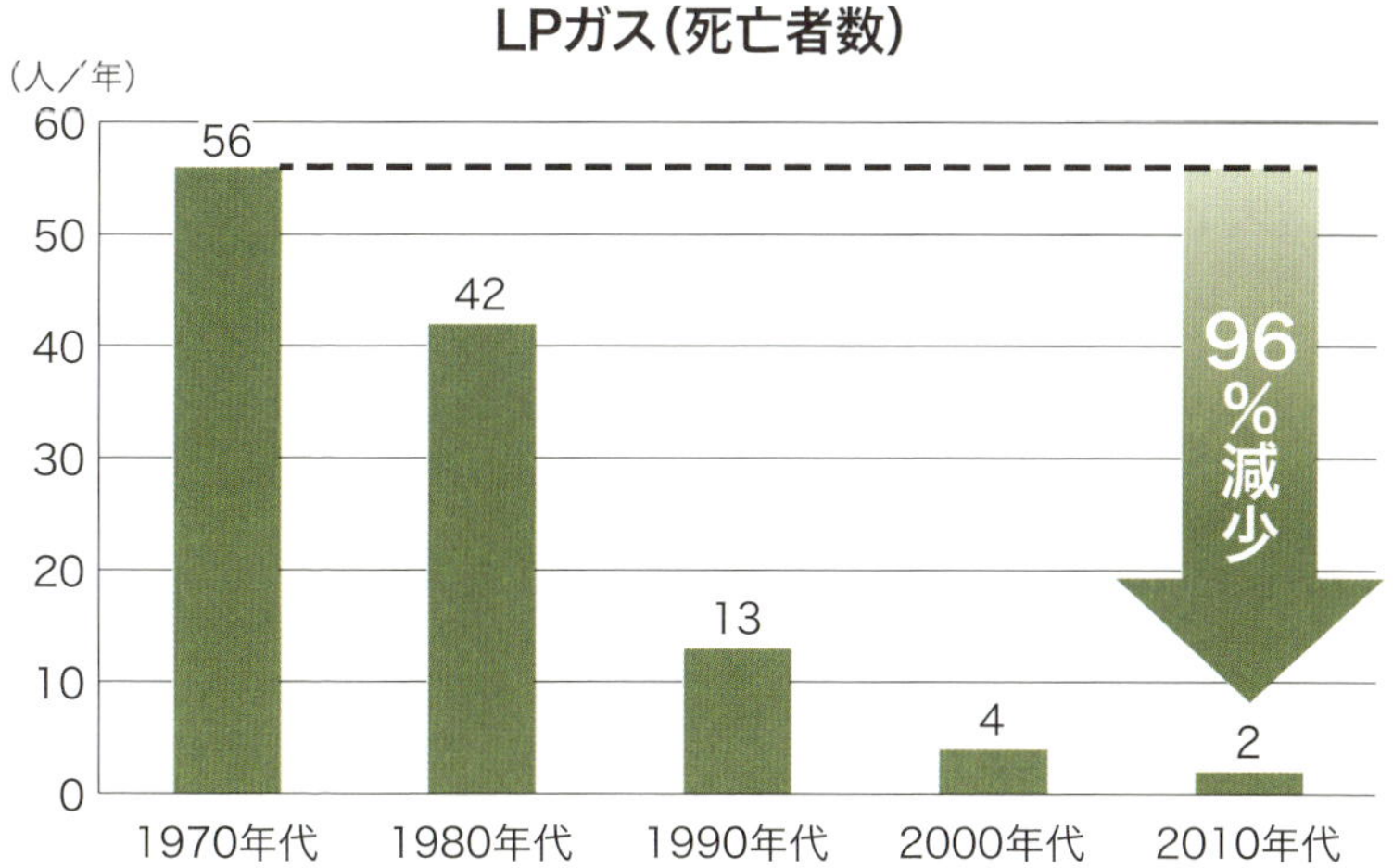

出典:経済産業省調べ

出典:経済産業省 産業構造審議会 保安分科会(第7回)資料1-1

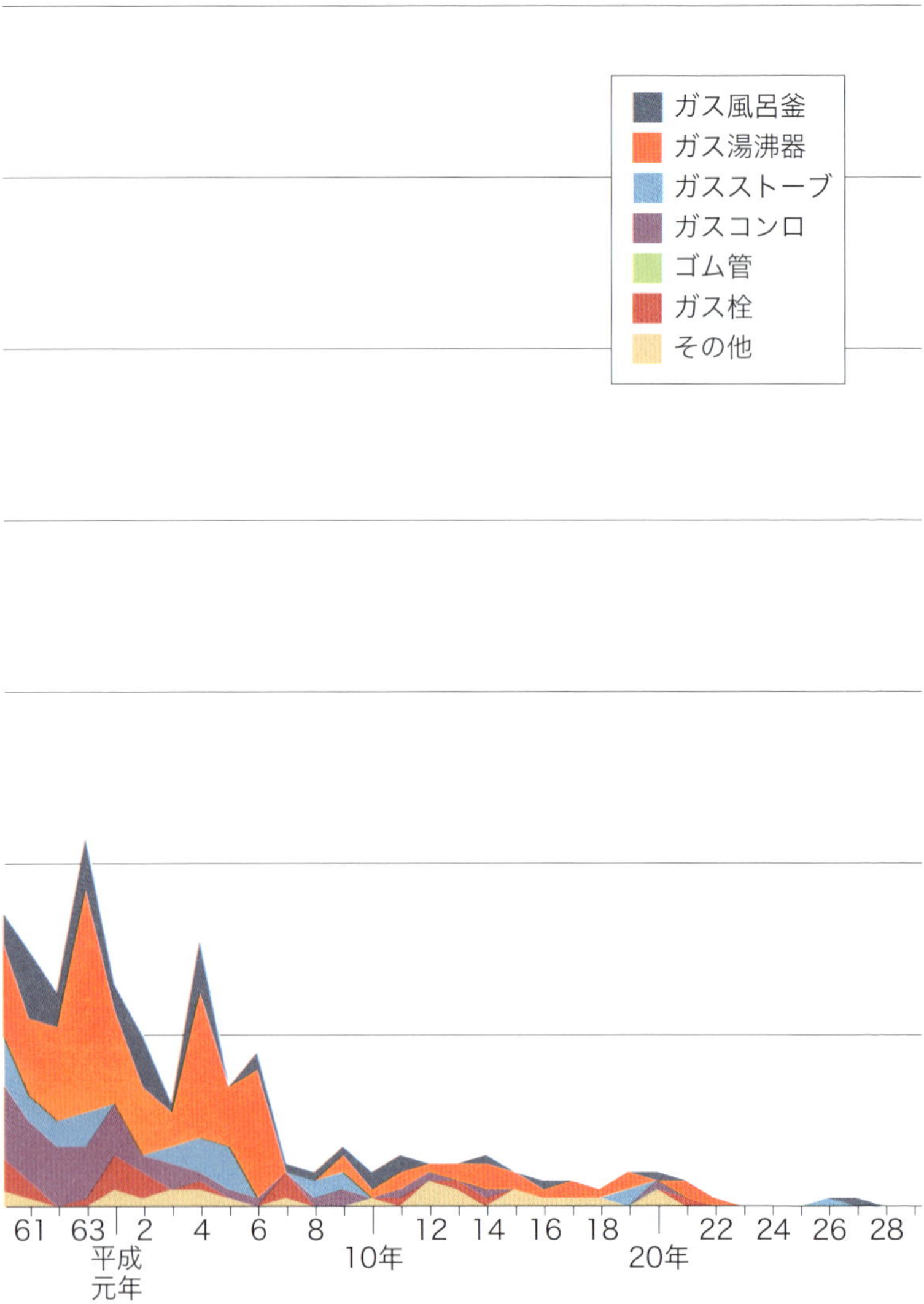
ガス風呂釜
ガス湯沸器
ガスストーブ
ガスコンロ
ゴム管
ガス栓
その他
61
63
平成
元年
2
4
6
8
10年
12
14
16
18
20年
22
24
26
28

■都市ガス事故死亡者数の推移

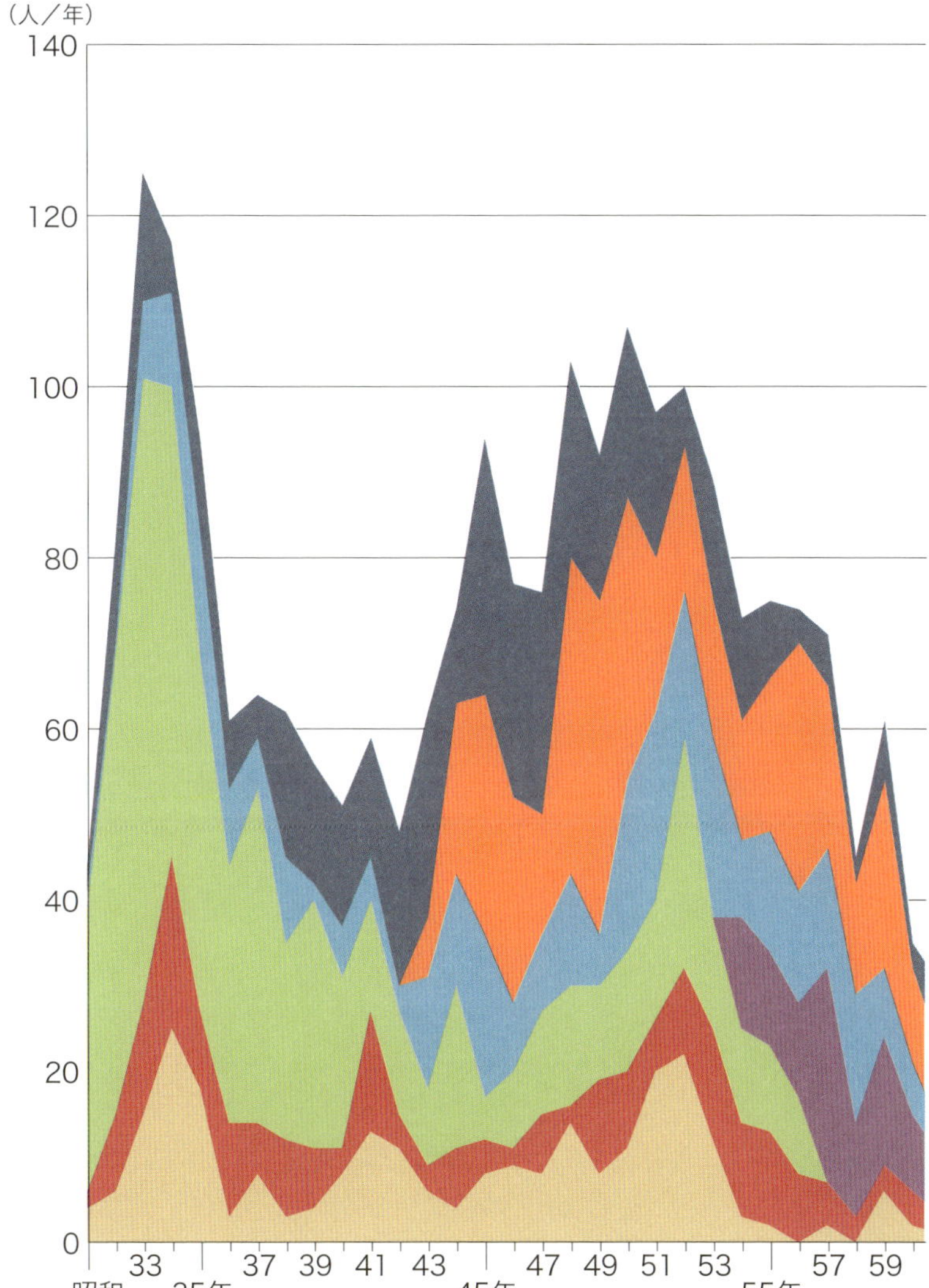

出典：ガス事業便覧（日本ガス協会発行）

目次

第3章 ガス機器の黎明期

第4章 ガス機器の事故多発時代（昭和30~50年代）

第5章　ガス機器事故再発防止対策

第6章 全国的な天然ガス転換

第7章 安全化策を講じたガス機器の近代化の実現

第1章 都市ガスの歴史と保安

あらまし

太古より人類は火を使ってきましたが、現代のように誰でも都市ガスを便利に使うようになるまでには長い歴史がありました。都市ガスの利用者が限られていた時代から、ガス機器は技術開発を絶えず行なってきました。ガス機器の歴史は、事故と保安の歴史でもあったのです。

1 太古から「火」は貴重な存在だった

①人間と火

現代のライフラインは、電気、都市ガス、上下水道、通信などと言われていますが、このうち、都市ガスは熱エネルギーとしての役割を担っています。都市ガスのルーツは火力としての「火」であり、「火」は特別なものとして常に人間のそばにありました。そして、その取り扱いには、あらゆる知恵を動員して生活に役立ててきました。

人類が火をどのように発見したかは定かでありませんが、神話や伝説などに火にまつわる話はたくさんあります。日常生活においても、その取り扱いには特別な配慮をしてきたのです。

逆に言えば、火が人類にとって大切なものだったからこそ、神話の時代から神聖視されてきたのでしょう。世界中の民族が、火を神聖なものとして扱ってきました。火には、人間の気持ちを奮い立たせたり、反対に鎮める力もあります。火のあるところは常に集いの場でした。

火の取り扱いを誤ると危険なのは、現代でも、木材や石炭が主な燃料だった昔と変わりません。科学技術や経済社会が進歩して、火の使用環境が大きく変わっても、注意して火を扱うという基本はまったく変わっていません。火を含めた熱エネルギーは、人の生命・財産に関わることとして、特別な注意が必要でした。

熱エネルギーの源は、以前の木材や石炭などから、今では都市ガス、LPガス、電気、石油、原子力等に変わりました。

17世紀にヨーロッパで開発された石炭ガスは、19世紀には都市ガスとしてイギリスで事業化され、まずは照明用としてガス灯に使われ、後に煮炊き用などの熱源として使われるようになりました。人々はガス機器を使って暮らしを便利なものにしてきましたが、使用者個人が「注意して使わなければならない」という意識は、当時から今日まで変わっていないのです。

旧石器時代から人類は火を使っていたと言われますが、火が人類にとって特別なものであることを後世に伝えていると思われる伝説や神話は世界中にたくさんあります。西洋では、ギリシヤ神話のプロメテウスの火の話が有名です。日本でも古来、各地の神社の儀式や祭りには、火がいろいろな形で使われています。

たとえば出雲大社では、火を中心にした「火継ぎの神事」が今日まで継承されています。

■プロメテウスの神話

プロメテウスは、ギリシヤ神話に出てくる神様で、「火」の神様と言われます。その訳は、天界に燃えていた火を、プロメテウスが全能の神ゼウスから苦労して盗み、火を人間社会にもたらしたからだと言われています。この盗みのため、プロメテウスはゼウスの怒りに触れてしまいます。

火を盗んだ罪は重く、プロメテウスはゼウスによってカフカス山の頂の岩に縛り付けられ、3万年のあいだ肝臓を日ごと鷲についばまれるという罰を与えられたのです。

天界での評判はともかく、人間にとっては、火をもたらしたプロメテウスはとてもありがたい神様になっています。

■出雲大社の「火継式」

日本でも、火を扱う神事は全国各地にありますが、出雲大社には、今でも続いている「火継ぎ」の神事があります。

紀元700年ごろから出雲大社に伝わるこの神事は、宮司（出雲国造）の代替りの際に行なわれる儀式で、「神火相続式」とも呼ばれます。

宮司が亡くなると、次の宮司になる人がみそぎをし、そのあと燧臼《ひきりうす》・燧杵《ひきりきね》を持って出雲国一之宮である熊野大社に向かいます。熊野大社の鑽火殿で燧臼・燧杵で火を起こし、鑽《き》り出された火で調理したものを神前に供えます。

それから神魂《かもす》神社で饗宴が執り行なわれたあと、宮司は出雲大社に戻り、奉告の儀式を以って「火継ぎ」は終わります。

火継式の「火」は「霊《ひ》」に通じ、その火で調理したものを食べるのは、代々継承してきた霊魂を自分の中に取り込むためとされています。このように火が神事となるのは神聖なものだからであり、それゆえに人々から尊ばれてきたのです。

②縄文時代から現代まで

現代社会でも、各地の祭礼のかがり火や、仏壇や教会の祭壇のろうそくの火、精霊流しの灯篭、オリンピックの聖火など、火が象徴的に使われる場面が多々あります。私たちの祈りの場には、いつもそこに火が存在しているのです。

また、実用としての火は、台所のガスコンロはもちろん、山焼きや焼き畑農業の炎など、あらゆる日常の場で使われています。

■火の取り扱いと同時に排気の処理も必須

旧石器時代以前、今から50万年も前から、人類が火を使っていたことがわかる遺跡が見つかっています。

日本の縄文時代は1万5千年以上前に始まったと言われ、国内にたくさんある遺跡からは、火を煮炊きに使っていた跡が出ています。

たとえば、青森県の三内丸山遺跡では、数百人が暮らしていた集落の跡が見つかっています。ここでは狩猟で捕まえたウサギやムササビの肉、収穫して得た木の実、栽培していた栗、エゴマ・ヒョウタン・ゴボウなどの植物を、縄文人は加熱調理して食べていたと言われています。

また、福島市にある宮畑遺跡は、4~5千年前の縄文時代中期の遺跡ですが、家の中心に複式炉という3つの炉がひとつになった炉が見つかっています。家には前庭のように広いところがあって、その先に深い燃焼スペースがあり、奥には消し炭を置く場所がありました。

縄文時代の火というと、赤い炎が大きく立ち上った焚き火をイメージする人が多いかもしれませんが、そういう焚き方はしていなかったようです。縄文人が効率的で、高度な火の使い手であったことがうかがえます。
良く乾いた太い木を横にして、前に送り出しながらじわじわと炭化してゆく燃やし方だったようです。乾いた薪を使えば、煙もそんなに出ず、熱も安定しています。必要のないときは灰をかけておくことで何時間も種火を保て、熱い灰を使って蒸し料理もできたのではと想像します。

縄文時代というと、木の棒と板をこすり合わせて火を起こしているイメージもありますが、種火を使えばそんな面倒なことをする必要はありません。消し炭は、炉の奥の溜まりに貯めておいて、種火を大きくするときに使ったようです。

戸外で「火」を焚けば排気の煙は空中に昇って行きますが、竪穴式住居の中で火を焚けば換気が必要になります。竪穴式住居では、火を焚くための給気は入り口や隙間から自然に外気が入りますし、排気の煙も家の隙間や天井から外に出て行くので、自然換気ができていたのです。縄文時代、住まいの中心にあった火は、今では台所の片隅に移り、家の中で裸火を見る機会はだいぶ減ってきました。有史以来、大切に扱ってきた火のありがたみを意識しなくなった現代社会というのは、何か危うい感じがします。

■建物の排気の仕組み

昔の木造家屋は隙間風が吹くのが当たり前でした。夏はいいとして、冬は寒さがこたえました。囲炉裏や火鉢、掘りごたつといった暖房で寒さをしのいできましたが、家の中で火を使っても、隙間があったので、自然に換気がされていました。

寒い地方、たとえば岐阜県高山の白川郷の合掌造り木造3階建てでは、1階の囲炉裏で火を使うと、煙は自然に高く昇って行き、排気は3階の天井裏から外に抜けるように造られています。柱や屋根裏が煙でいぶされることで、防虫や防腐作用が自然に備わっていたのでした。

襖《ふすま》や障子など、日本の家は木と紙でできていて隙間だらけでした。西洋の石造りの家とは違い、このよう

■白川郷

提供：白川郷観光協会

な建物構造は、火災や排気処理対策という点で、日本独特の様式をもたらしたのです。

③火事など災害の問題

火事は火の不始末や自然災害などが原因で発生しますが、その対策は消火活動しかありません。本格的な防火対策は近年になって急速に進歩しましたが、建物が耐火構造になっても火事はなくなっていません。

現代の日本では、防火に対する対策は、国が定めた法令と、それに沿った地方自治体など公的な機関での防災対策が基本になっています。

■江戸の火事と火消し

江戸時代、江戸の人口密度は世界一と言われるほど高いものでした。「火事と喧嘩は江戸の花」と言われるぐらい、江戸の町は火事が多く、このため「火消し」という消防組織がありました。町民の住む長屋は木と紙でできていて、密集した建て付けで、薪や木炭で調理していましたから、いったん火事が起きると、たちまち延焼し大火につながってゆきました。

特に冬から春先は、乾燥した季節風にあおられて大火になることが多かったのです。

明暦3（1657）年、「明暦の大火」は、江戸の山の手3か所から出火し、北西風によりあっという間に燃え広がりました。この火事で江戸市中の大半が焼け、江戸城天守も焼失しました。焼死者10万人以上、江戸時代最大の被害を出した大火でした。

この「明暦の大火」だけでなく、江戸時代には大火事がいくつも発生しました。幕府は、定火消し、大名火消し、町火消しなどを組織して対処しましたが、それでもなかなか火事は減らなかったようです。

■現代と都市ガス

都市ガスという「火」が登場した現代の日本ですが、都市ガスの使用環境が昔と違っているので、都市ガスを使う人が注意すれば良いというだけではなく、都市ガスの供給者やガス機器を製造する人達も、共同で都市ガスの安全意識を高めることが必要になってきました。何故なら、事故が発生すると、一般の商品と違って、人の生命・財産に影響することがあるので、特に都市ガスの供給やガス機器を提供する側は、法律上の責任と同時に、道義上の責任も負わなくてはならないと認識する必要があるからです。

2 都市ガスの安全対策

都市ガス中の一酸化炭素（CO）と換気の問題

17世紀に、西欧で石炭の乾留による石炭ガスという燃料が発明されました。19世紀になると、イギリスで石炭ガスを原料とする本格的な都市ガス事業が始まり、上下水道などとともに、ライフラインの一部としてガスが位置付けられるようになりました。しかし、火の不始末による火災のリスクと排気処理の問題は、当時から人類共通の課題だったことに変わりはありません。

石炭ガスには、もともと可燃性の一酸化炭素（CO）という成分が含まれています。これが人体に入ると血液中のヘモグロビンと結合して、酸素が補給できなくなり、CO中毒を起こします。そこからガス機器の排気処理の方法を含め、換気の問題が出てきました。

CO中毒には、供給される生ガス漏洩と、自殺者の故意の放出によるCO中毒、ガス機器の不完全燃焼による燃焼排気CO中毒の2種類の問題があります。

このように都市ガスには当初からCO中毒の問題が内在していたのですが、当時のイギリスでは使う人が比較的富裕層で人数も少なかったのと、個人の使用責任が明確な国柄ゆえか、事故が起きても大きな問題にはなりませんでした。安全の問題は使用者の責任として処理されていたようです。

日本でも明治時代から昭和20年代くらいまでは、都市ガスを使える人は主として富裕層だったので使う人も少なく、ガス機器もあまり普及していませんでした。また、気密性が低い木造住宅が多かったため、事故も少なかったのです。

明治時代以降、炊事用の熱源は、薪・木炭から徐々に都市ガスに変わり、今では上下水道・電気・通信・鉄道などとともにライフラインとして大切な役割を担っています。中でも、室内で火を取り扱う際の都市ガスの安全性と排気の処理は大変重要になってきています。都市ガスを初めとする熱エネルギーでは、「取り扱いを誤ると危険」であり、使用者個人が注意しなければならない、という原則は昔も今も変わらないのです。

イギリスでは、ガス中毒の話が映画の場面にも出てきます。都市ガスが自殺の手段として使われていたことが、1952年に映画化されたチャップリンの『ライムライト』などに見ることができます。ガスの臭いのする若いバレリーナの部屋に、チャップリン演じる老優カルヴェロが入って行き、生活苦で自殺しようとしていたバレリーナのテリーを救うという話ですが、当時はガス自殺が話題になっていたのです。

『ライムライト』では娘のテリー（バレリーナ）が、生活苦から室内でガス自殺をはかりますが、ガスの臭いにカルヴェロ（主人公）が気が付き、テリーを室外に運び出し、医者のところへ連れていきます。

医者の「ガス栓は閉めたのかね」の一言で、主人公は急いで戻り、ガス栓を閉めるのですが、この一連のストーリーは、その後のガス事故対策を表現しています。

また、この『ライムライト』の8年ほど前に公開された映画『ガス灯』（米国版・監督ジョージ・キューカー、主演イングリッド・バーグマン、シャルル・ボワイエ）にも都市ガスが使われています。これは、CO中毒の話ではなく、ガス設備の管理をトリックに使った映画です。『ガス灯』では、住宅用建物の外部から都市ガスの元栓を操作して、住宅室内の照明用ガス灯の炎を大きくしたり小さくしたりして、主人公の不安な心理をあおるのに使われています。外の都市ガスの元栓を開けたり閉めたりするのは、本来都市ガス事業者の職員の仕事で、素人にはできませんが、ドラマの中では犯罪の手段として使われたのです。

これらは、都市ガスが他のライフラインと違い、火の扱いや排気の処置を誤るとCO中毒や爆発につながり、人の生命・財産に直接影響することがわかるエピソードです。このため、ガスは特別の注意が必要な熱エネルギーであると言えます。

3 戦後の事故多発時代から近代化へ

昭和30年代から、日本経済が急成長をとげて国民の購買意欲が向上し、ガス機器も広く普及してきました。しかし、ガス機器を使う環境が良くなかったため、ガス中毒や爆発、火災が目立つようになりました。

都市ガスの使用者が注意事項を守らず、都市ガス事業者の安全対策も時代の変化に対応できていなかったことが、事故多発の原因になっていたのです。当時の安全対策は、ガス機器の所有者が安全に注意してガス機器を使うよう、都市ガス事業者が所有者に説明するといった「安全周知」といわれる「ソフト対策」が主流でした。

都市ガスの事故は、人の生命・財産に直接影響したため、大きな社会問題となり、新聞・テレビなどマスコミなどでも頻繁に取り上げられました。このため、都市ガス業界が中心となり、既存の旧型機器所有者については取り扱いに関する注意喚起を行い、給排気設備の良くない建物の所有者に対しては改善を要請しました。
また、当面の措置として、もれた都市ガスを検知して知らせる「都市ガス警報器」が開発され、その普及がはかられました。

その後、ガス機器に安全装置を付けるという、抜本的な「ハード対策」が進められ、ガス機器の近代化とともに、都市ガスの「ソフト対策」とあわせて、一連の防災対策が向上しました。さらに、大地震発生時に都市ガスを停止させるという、「マイコンメーター」の普及を中心とする対策が昭和58（１９８３）年から徐々に行き渡り、昭和60年代以降、今日に至るまで、大地震発生時のガス火災・ガス漏れなどのトラブルは急激に少なくなってきたのです。

そして平成時代の後半には「都市ガス事故死亡者数ゼロベース（ゼロに近いレベル）」の時代になったのです。

第2章

都市ガス事業と保安の歴史

あらまし

都市ガスは現在、世界の文明国で熱エネルギー源として使われていますが、初めて石炭ガスが発明され、燃やされたのは17世紀初頭でした。19世紀には、夜の街を明るく照らすガス灯に使うために、都市ガス事業が起こりました。イギリスで起こった都市ガス事業は世界中に広がり、60年の時を経て明治の日本でも都市ガス事業が始まりました。

1 世界の都市ガス事業の創業

①石炭ガスの発明から都市ガス事業へ

１６０９年、ベルギーの化学者ヘルモントが、石炭を蒸し焼き（乾溜）してエネルギー源にしたのが都市ガスの始まりです。彼は、ギリシヤ語で混沌を意味する「chaos（カオス）」から、これを発音の似ている「gas」と名づけました。日本では、江戸時代が始まった頃のことでした。

その後もヨーロッパの各国で都市ガスの研究は続けられ、１７９２年、イギリスでウィリアム・ムルドックが、照明用のガス灯として都市ガスを実用化することに成功しました。月の無い夜、真っ暗だった街路にガス灯が点灯したときの人々の驚きと喜びは、どれほどだったことでしょうか。ムルドックはもともとジェイムス・ワットが経営する工場の蒸気機関技師でしたが、これで「ガス灯の父」と呼ばれるようになったのです。

その後、ヨーロッパやアメリカで都市ガスの研究はさらに進み、1812年、イギリスで世界最初の都市ガス会社が設立され、都市ガスはフランス、アメリカ、オーストラリアなどに広がっていきました。都市ガスは当初、照明用のガス灯として使われましたが、その後、炊事用や暖房用の熱源にもなっていきました。日本では明治5

■石炭ガスの発明と各国の都市ガス事業創業

年代	国別	発明者など
1609年（慶長14年）	ベルギー	化学者ヘルモントが石炭を乾留して、可燃性ガスを取り出す
1792年（寛政4年）	イギリス（スコット ランド）	ウィリアム・ムルドックが石炭ガスでガス灯を開発「ガス灯の父」と呼ばれる
1812年（文化9年）	イギリス	世界初の都市ガス会社設立（ロンドン・アンド・ウェストミンスター・ガスライトアンド・コーク会社）
1815年（文化12年）	フランス	パリで都市ガス会社設立
1816年（文化13年）	アメリカ	ボルチモア・ガスライト社設立
1841年（天保12年）	オーストラリア	シドニーガス会社設立
1872年（明治5年）	日本	横浜瓦斯灯会社を設立

（1872）年に横浜に初めての都市ガス会社ができて、ガス灯がともりました。

②都市ガスの利用形態

この様に、都市ガスはまず照明用のガス灯として使われ始めました。ランプや、ろうそくの炎しかなかった当時の人々の目には、ガス灯は文明の象徴のように見えたことでしょう。何しろそれまで夜の屋外は真っ暗で、手元の明かりだけで夜道を照らしながら歩くのは心細いことでしたから、まさしく文明開化の光だったと思われます。

そしてその後、都市ガスは次第に煮炊き用として台所の熱源として利用されるようになりました。

③創業当時の状況

このように19世紀にイギリスで都市ガス事業が始まりましたが、この頃から都市ガスの成分であるCOの毒性は話題になっていました。まだ都市ガスがあまり普及していなかった頃でしたが、都市ガスを使用する時の注意事項は理解されていたようです。第1章で紹介した、当時のガス自殺を題材に使った映画『ライムライト』に登場する医師の発言からも、そう考えられます。

また当時、都市ガスは使用者個人の責任で使うべきであるとも考えられていたようです。

2 日本の都市ガス事業の創業

① 都市ガス事業の設立経緯

日本の都市ガス事業は、横浜居留外国人が都市ガス事業の計画を、神奈川県知事陸奥宗光《むつむねみつ》に申請したところから始まりました。

外国人が都市ガス事業を独占することに危機感を持った横浜の実業家、高島嘉右衛門は、日本社中という組織を作り、上海フランス租界のガス商会会頭で、設計技術者のフランス人、アンリ・プレグランを日本に招きました。当時、大規模な鉄道用の埋め立て工事もしていた高島嘉右衛門は、資金面で大変な苦労があったのですが、神奈川県と国の支援を得て、明治4（1871）年、横浜瓦斯灯会社を創設しました。

当時、日本には都市ガス事業に必要な部材がなかったので、プレグランはイギリスやフランスで資材を買い付けました。そして翌年の明治5（1872）年10月31日、横浜馬車道に日本初のガス灯が数十本点灯したのです。

イギリスに遅れること60年後でしたが、この日は今もガスの記念日となっています。

高島嘉右衛門は、横浜だけでなく、現在の東京都（東京府）にも出資の話をもちかけていました。東京府は、寛政3（1791）年から町民たちが積み立ててきた、非常災害用の備蓄金である共有金（7分積金）の一部を出して、東京の分も同時に部材を買うよう所有者に依頼しました。この資金は東京府のものではなく、江戸時代からの名残である東京会議所のものでした。しかし、資金が非常備蓄金から出たということで、プレグランへの発注主体が東京府なのか東京会議所なのかがはっきりしないような状態になり、結局購入した機械類は深川に運ばれたままになってしまいました。

高島嘉右衛門はこれを見て、東京府知事大久保一翁に明治6（1873）年ガス灯建設を申請し、東京府はこれを受けて、東京会議所がガス灯建設するように取り計らいました。

東京会議所はこの命を受けて明治7（1874）年、金杉橋から芝を通り、当時レンガ街化計画のあった銀座通り沿いに京橋まで、85本のガス灯を立て、同12月18日に東京で最初のガス灯が点火されたのでした。

その2年後の明治9（1876）年、都市ガス事業を主管していた東京会議所が廃止されましたので、都市ガス事業は東京府に引き渡され、東京府ガス局という公営の事業になったのです。

しかし官営の都市ガス事業は事業運営がうまく行かず、渋沢栄一などが中心になって努力した結果、ようやく民営化が可能になりました。明治18（1885）年、東京府ガス局は民間会社に払い下げられて「東京瓦斯会社」になったのです。これが現在の東京ガスの前身、今から約130年以上前のことです。

渋沢栄一は、明治9（1876）年、東京会

■日本の都市ガス事業の創業経緯

年	創業経緯
明治5（1872)年	高島嘉右衛門　横浜瓦斯灯会社を設立
明治7（1874)年	神戸に兵庫瓦斯商会が設立 東京会議所が京橋-金杉橋間に85基のガス灯を点火
明治18(1885)年	渋沢栄一　東京瓦斯会社初代社長就任
明治30(1897)年	大阪瓦斯株式会社設立
明治31(1898)年	神戸瓦斯株式会社設立
明治39(1906)年	名古屋瓦斯株式会社設立
大正2（1913)年	西部(さいぶ)合同瓦斯株式会社設立
大正4（1915)年〜	地方の各地に都市ガス事業者設立(91事業者)

議所から引き継いだ東京府ガス局の局長になり、その後ガス局が民間会社になったときには、初代の社長になったのでした。

渋沢栄一は、幕末から明治維新にかけて、幕臣から、官僚、実業家へと変身し、第一国立銀行や東京証券取引所など、550以上の多種多様な企業の設立や経営に関わり、「日本資本主義の父」とも言われています。

②東京ガス初代社長 渋沢栄一の思想

渋沢栄一は、大正5（1916）年に『論語と算盤』を上梓しました。

その中心にあったのは、「道徳経済合一説」という理念です。幼少期に学んだ「論語」を元に、倫理と利益の両立を掲げました。経済を発展させ利益を得ても、独占するのではなく、富は全体で共有し、社会に還元することを説きました。『論語と算盤』には、その理念が次のように述べられています。

「富をなす根源は何かと言えば、仁義道徳。正しい道理の富でなければ、その富は完全に永続することができぬ。道徳と離れた欺瞞、不道徳、権謀術数的な商才は、真の商才ではない」。

これは、渋沢栄一がとなえた私欲や私益を捨て「公利公益」のために尽力せよという精神、ひいては公益事業の精神につながっています。

3 都市ガス事業の推移と保安

①明治・大正・昭和初期～戦前の都市ガス事業の推移

■明治時代

海外と同じように日本でも、都市ガスの用途はガス灯から始まりました。

ガス灯をより明るくするために開発されたのが「マントル」といわれた発光体です。マントル以前のガス灯の炎は裸火で、赤黄色の炎が風でゆらゆら揺らめくといったものでした。明治19（1886）年に海外で発明されたマントルは、発光剤のセリウムやトリウムを網状に焼き固めたもので、当初は輸入でしたが、後に国内で作られるようになりました。

マントルを、ガス灯にかぶせると、ゆらゆらとした裸火から、青白く輝く揺れない光に変わります。マントルを被せたときの明るさは、それまでのガス灯の5倍といいますから、まるで真昼のように見えたのではないでしょうか。

その後都市ガスは、厨房用などの熱源としても使われるようになりました。ガス灯や大隈重信侯爵家の台所風景などが、当時の錦絵で紹介されていますが、このように都市ガスの利便性は大衆の話題にもなっていて、文明開化の象徴と見られていました。
その後、厨房用、温水用、暖房用などに、さまざまなガス機器が輸入され、一般の富裕層にも使われるようになりました。

明治12（1879）年にエジソンの炭素電球が発明されたことは、日本の都市ガス事業にも大きな影響を与えることになりました。日本でも、明治19（1886）年に東京電灯会社が設立され、一般配電が始まりました。エジソンの炭素電球は、初めは切れやすくて停電も多く、電気は爆発するから危ないと噂されたことまでありました。

一方都市ガスの世界では、明治30（1897）年から明治40（1907）年にかけて、大阪ガス、神戸ガス、名古屋ガスが相次いで都市ガス事業に参入します。

白い輝きの白熱マントルを武器としてガス灯が巻き返しますが、明治43（1910）年頃からタングステン電球と呼ばれる新たな電球が出てきて、照明器具としては太刀打ちできず、次第に照明はガス灯から電灯に変わっていきました。

なお、明治44（1911）年には、電気事業法が制定されました。
その結果、都市ガスは厨房用など熱源を利用する方向に進んで行くことになりました。

ただ、電灯への変化はゆっくりとしたスピードで進んだので、日本のガス灯の絶頂期は明治30年代から大正年代の初め頃まで続いたのです。

■大正時代

大正時代に入って、民間や公営の都市ガス事業者が日本各地に誕生し、大正4（1915）年には91事業者に増えました。

大正3（1914）年に、第1次世界大戦が起き、大正7（1918）年に終わるまで、被害を受けなかった日本は、大戦への戦時物資の供給基地として、空前の好況になり物価は4倍にもなりました。

しかし、都市ガス事業は「報償契約」という自治体との契約があって、料金を1.5倍程度にしか上げられなかったのです。その結果、都市ガスを作れば作るほど事業は赤字になり、都市ガス事業者は半分以下に減ってしまいました。物価の高騰も、大正7（1918）年に第1次世界大戦が終わると沈静化していきました。

大正12（1923）年の第46回帝国議会で、電気事業法に12年遅れて、瓦斯事業法が成立し、大正14（1925）年に施行されました。

それまでは自由に都市ガス事業者が創設できたので東京ガスと千代田ガスが競合し、同じ道路に別の事業者のガス導管があり、導管が2本になってしまった、などということもありましたが、ガス事業法は公益事業としての地域独占を認めたので、経済合理性が保たれるようになりました。

その後、大正12（1923）年9月に関東大震災が発生。ちょうど昼食の準備の時間帯で火を使っていた家が多かったため、東京・神奈川の火災による犠牲者は10万人以上という大惨事となりました。当時は都市ガスを使う人はまだ少なく、火災の主な原因は、薪や木炭などでした。そうした事から、火災防止対策としての都市ガスの安全性が評価されるようになったのです。

■昭和初期〜敗戦

第1次世界大戦の物価高騰や関東大震災を乗り越えて、都市ガスの需要は順調に増えました。都市ガスの需要家数は、昭和10（1935）年には10年前の約3倍、200万件へと伸びました。ところが第1次大戦から23年を経た、昭和16（1941）年、またもや世界を巻き込む戦争が起きました。第2次世界大戦です。

日本では、昭和15（1940）年には日独伊三国同盟に日本が調印し、昭和16（1941）年12月8日、日本の連合艦隊はハワイの真珠湾を攻撃し、ついに太平洋戦争に突入しました。

戦時物資の供給基地となった第1次世界大戦とは違い、物資統制令がしかれ、家庭用都市ガスの構成人員別世帯割り当てや、都市ガス使用極力節減の指令など、次々と経済が統制されてゆきました。すでに昭和14（1939）年には、鉄鋼などの戦時物資の統制により、ガス機器の製造もできなくなっていたのです。

さらに戦争が進むと、原料の石炭不足から、需要家は過去の実績から使える都市ガスの量を決められ、それを超えると次の月からその分を減らされるというような厳しい統制になってきました。そもそもの石炭不足から都市ガスが供給できないため停ガスという事態にもなっていきました。

戦争が激しくなるにつれて統制はますます厳しくなり、都市ガス事業者も全国8ブロックに統合されようとしていました。

昭和19（1944）年には東京ガスも軍需会社に指定され、日本国中が軍需工場化した観がありました。昭和20（1945）年8月には広島・長崎に原爆が落とされ、8月15日に日本は無条件降伏を受け入れ、都市ガス事業者が統合される前に敗戦を迎えたのでした。

戦争は終わりましたが、日本全体が壊滅状態になり、都市ガス施設もほとんどが破壊されてしまいました。そのため全国の都市ガスの需要家数は、昭和16（1941）年の236万件の40％に当たる90万件になってしまいました。東京ガスでは、昭和20（1945）年の需要家数は約34万件と、昭和18（1943）年末に最高だった件数106万件の30％に過ぎませんでした。

②戦後はひたすら復興へ

世の中は平和になりましたが、都市ガスの原料の石炭不足はますます厳しくなり、都市ガスの配給は統制されたままでした。

このような混乱は昭和24（1949）年の統制撤廃まで続きました。戦争によってガス導管が破壊されたので、戦後はその復旧が最優先だったのです。

都市ガスの漏洩も多く、ガス導管からの漏洩率は約60％もありました。つまり6割の都市ガスがもれていたのです。東京ガスでは、昭和21（1946）年3月からガス漏洩防止総動員運動を始め、7月までの130日間に5万4千人が漏洩箇所を探知しました。その結果、2月に約55％だった漏洩率は7月には30％弱となりました。同時に、約11万本の要らなくなった引き込み管を本管から取り外したのでした。

さらに毎年、ガス安全キャンペーンとして、道路上や下水のマンホールなどを臭気棒という管で臭いをかぎ漏洩個所を探知するなど、ガス導管を通じて都市ガスを安全に供給することに専念しました。

このような状況の中、ガス機器の使用者は少なく、使われているとしても、煮炊き用のガスコンロが中心でした。風呂はほとんどが共同浴場、つまり銭湯であり、住宅内の内湯や湯沸器の利用は富裕層に限られていました。


日本は、戦後の物不足によりインフレになってゆきましたが、昭和24（1949）年、米国大統領の命を受けたドッジ氏が公使として勧告した、いわゆるドッジ・ラインといわれるインフレ収拾のための超緊縮財政によってデフレになってゆきました。1ドルを360円の単一為替レートにしたのもこの政策でした。

インフレは収まりましたが、ドッジ・ラインデフレ恐慌で金詰りとなり、中小企業の倒産が増えました。ところが昭和25（1950）年に、韓国と北朝鮮のいわゆる朝鮮動乱が起き、米軍が軍需品を調達したため、デフレで在庫過剰になっていた製品の輸出は一転して急増し、日本経済は一気に好景気となっていったのです。

昭和27（1952）年には、東京ガスのガス漏洩率は6％程度と低くなり、需要家数も79万件と終戦時の2倍まで回復しました。これは、過去最高だった昭和18（1943）年に記録した106万件の74％に当たります。

その昭和27（1952）年当時、6大都市の1世帯当たりの熱消費量の内に都市ガスの占める割合は13％程度と、主な熱源はまだ、薪や木炭、石炭でした。その後、都市ガス需要家数は昭和32（1957）年には310万件、昭和37（1962）年には538万件まで増えていったのです。

③高度経済成長とガス事故多発の時代へ

昭和31（1956）年には経済白書が、「もはや戦後ではない」と宣言しました。昭和39（1964）年から昭和48（1973）年の9年間は、年平均10％以上経済が成長したのです。それにつれて人々の所得も急激に増え、消費意欲が爆発的に増えてゆきました。

昭和30（1955）年から昭和48（1973）年までの高度経済成長を支えたのは、高い教育水準の若くて安い労働力、余剰農業労働者や炭鉱離職者等、多くの求職者層の活用でした。又、輸出に有利な固定相場制（1ドル＝360円）、石油などの安い原料、安定した投資資金も後押ししました。さらに、所得倍増計画などによって消費意欲が広がり、物がどんどん売れたことなどが推進力となったのでした。

高度経済成長による国民の所得向上で都市ガスの需要家数も増加し、家電機器と同様にガス機器もよく売れました。一方、ガス機器の設置環境や、換気不足での長時間使用などの習慣は以前のままだったので、都市ガスによるCO中毒事故が多発するという事態が起きていました。

そこでガス事故を減らすため都市ガス業界が中心となり、通産省（現在の経済産業省）ほかの関係官庁、消防署、消費者団体、マスコミなどの協力を得て徹底的な再発防止の戦略戦術を策定していったのです。

高度成長の波に乗って、さらに都市ガスの需要が増え続けたため、都市ガスの原料には、原油、LPG（Liquefied Petroleum Gas）、石油系のナフサなどからできたガスが混在していました。そのため、全国の都市ガス事業者毎に供給熱量や成分が違い、需要家が転居したりすると不便なことがありました。

全国の都市ガス事業者は、製造原料の違いにより13種類に分類されたガスグループの中から、ガスの種類を選んで供給していました。

また、昭和20年代後半から、都市ガス導管が敷設されていない地域では、地点供給方式とし、液化石油ガス（LPガス）を鋼鉄製容器（ボンベと呼称）に詰めて販売するLPガス販売会社が増えてきました。

LPガスは石油精製工程で副産物として生まれたもので液化石油ガス（通称プロパンガス）といわれました。

こうして高度成長期に入った日本のエネルギー需要は爆発的に増え、LPガスの需要も増えていきましたが、安全対策が遅れていたため、各地でガスもれによる爆発事故が起きていきました。このためLPガス業界では、都市ガスに先立ってガスもれ警報器が普及していきました。

昭和44（1969）年、東京ガスでは、高度経済成長で増え続ける都市ガス需要と、増えてきた大気汚染などの環境問題の解決策として、石炭や石油系のガスから液化天然ガス（LNG＝Liquefied Natural Gas）に原料を切り変え、導入を開始しました。また、輸送供給量の増加に対応するため、高圧導管を敷く工事なども始まりました。

石油価格の3割高といわれた時代に、将来を見越してLNG導入という決断をしたことは、社会から快挙といわれました。都市ガスを天然ガスにするためには、天然ガス転換という作業に長い時間がかかりましたが、おかげで全国に13種類あったガスグループは1種類に統一され、都市ガス業界全体の合理化につながったのです。

東京ガスの天然ガス化に大阪ガス、東邦ガスも続きました。この間都市ガス需要家数はますます増えて、昭和40（1965）年には、686万件、昭和45（1970）年には1千万件を超えるまでになりました。ところが昭和48（1973）年、第四次中東戦争の影響で突然石油がストップするという「オイルショック」が起きました。原料だった原油価格が暴騰し、都市ガス事業も大きな影響を受けたのです。

LNGとは

LNGの正式名称は「Liquefied Natural Gas（液化天然ガス）」で、メタンを主成分とした天然ガスをマイナス162℃に冷却した液体です。油田やガス田から産出する天然ガスは〝気体〟で、沸点（マイナス161.5℃）以下に冷却して液化させます。無色透明で匂いもほとんどありません。天然ガスは液化すると体積が1／600程度になるので、輸送時や保管時の効率が飛躍的によくなります。日本には、船で運ばれ、常温の海水で温めて気化させます。

④昭和から平成へ、ガス設備・機器の近代化

都市ガス事業の天然ガス化は、昭和30年代から考えられていましたが、実際は昭和44（1969）年にアラスカからLNGが専用船で運ばれたのが初めてでした。

前述のように、天然ガス化は、将来のガス需要が増えることや大気汚染などの環境問題への対処、さらには合理化のための一環でもありました。これによって、13種類のガスグループを統一する事ができ、さらにCOを含まない天然ガスによって、石炭ガスなどが抱えていたCOによる事故を無くすという、歴史的な保安上の問題を解消する将来展望が開けてきたのです。

一方、前述のように、昭和40年代後半にガス機器の事故が多発した反省からガス業界が続けていた再発防止策は、引き続き実行されました。今までの機器への「安全周知」の「ソフト的」な対策や、新しい機器への不完全燃焼防止装置の取り付けなど「ハード的」な安全対策が実を結んで、ガス事故は着実に減ってきた時期でした。

いわば、都市ガスの原料面、供給施設、ガス設備、ガス機器などでの全面的な近代化が始まった時期といえるでしょう。

都市ガス業界が、今までの「事後保全型（事故発生事例から同種事故防止対策の措置、以下同じ）」から、「予防保全型（ガス機器の使用者の誤操作や、不良設備・機器が有っても事故を起こさない措置、以下同じ）」に変わったことによる効果が徐々に現れて、事故は着実に減っていきました。住宅内を安全にする仕上げとして「マイコンメーター」が開発され、各家庭のガス管の入り口に付けられたことは、ガス事故の防止におおいに役立っています。また、「マイコンメーター」に付いている感震遮断装置は震度5で都市ガスを自動的に止めるので、大地震発生時の火災防止に役立っています。

第3章

ガス機器の黎明期

あらまし

都市ガスは明治時代に海外から日本に導入され、着実に普及し始めていきました。当然ですが、都市ガスはガス機器がなければ使うことができません。需要家はガス機器を使って初めて、都市ガスの便利さを感じることができるものです。ここでは、都市ガスの黎明期ともいえる明治初期から昭和20年代までについて、ガス機器の開発・普及状況とその安全対策を見ていきます。

1 ガス灯に始まったガス機器の歴史

① 明治時代

明治初期、黎明期のガス機器は、輸入された「ガス灯」【図56ページ】がほとんどでしたが、一部で輸入品のガスコンロ、ガスオーブンなどが使われていました。

国産のものは炭を燃料とする七輪の代わりと

■ガス灯

提供：東京ガス ガスミュージアム

して、鋳物でできた「ガス七輪」だけでした。

前述の通り、明治18（1885）年に東京ガスが設立され、引き続き、大阪ガス、東邦ガス等の民間の都市ガス会社が設立されていきました。明治20（1887）年には東京電燈の「電灯」が登場し、都市ガスの主力機器である、「ガス灯」との競合が激しくなっていきました。明治後期から大正初期に、ガス灯は普及のピークを迎え、その後のガス機器は、照明としての「ガス灯」から、加熱用機器の熱源として都市ガスを使う用途で急速に普及・拡大していきました。

当初、都市ガス用の加熱機器は、そのほとんどが海外からの輸入品で占められ、高価だったせいもあり、利用者は一部の裕福

■大隈重信邸台所

提供:東京ガス ガスミュージアム

な層に限られていました【図57ページ】。

加熱用ガス機器として最初に海外から輸入されたのは、各家庭で使われている厨房（台所）機器で、テーブルコンロ、オーブン、レンジ等といったガス機器でした。しかしまだ普通の家庭で炊飯や煮炊きに使われていたのは、薪、石炭等を燃料とする、いわゆる「かまど」だったのです。そこで明治35（1902）年に、日本初のガス器具の特許品として、本格的な純国産のガス機器、「ガスかまど」【図58ページ】が生産、販売されるようになりました。

■ガスかまど

提供：東京ガス ガスミュージアム

日本には入浴する習慣がありますが、欧米でその習慣はなく、シャワーが主体です。したがって、欧米に風呂釜というものは存在していません。よってガス風呂釜は日本独自の発展をとげました。日本の風呂の歴史は古く、全国各地には多くの温泉があり、仏教の沐浴や入浴の習慣から、日本人には独特の風呂文化がありました。

江戸時代の「風呂」から、いかに日本人がガス風呂釜を使うようになったのかを以下でみていきます。

■ガス風呂釜が誕生するまで

火事の多い江戸の町は、防火のために内風呂は基本的に禁止されていました。

地方の裕福な農家（自作農）には内風呂がありましたが、江戸では、内風呂は上級武家屋敷に限られていたのです。庶民はもっぱら湯屋（銭湯）通いであり、武家や商人も利用していました。

江戸時代から、内風呂の型は大井川を挟んで東側（江戸・関東以北）は鉄炮風呂、西側（上方・大阪・関西以西）は、五右衛門風呂（長州風呂とも言う）が主なものでした。【図59ページ】明治になっても、内風呂を持っている家は少なく、上流階級や裕福な農家・商人に限られていました。また江戸時代から、内風呂は湯殿として、便所とともに離れに置かれていま

■鉄炮風呂・五右衛門風呂

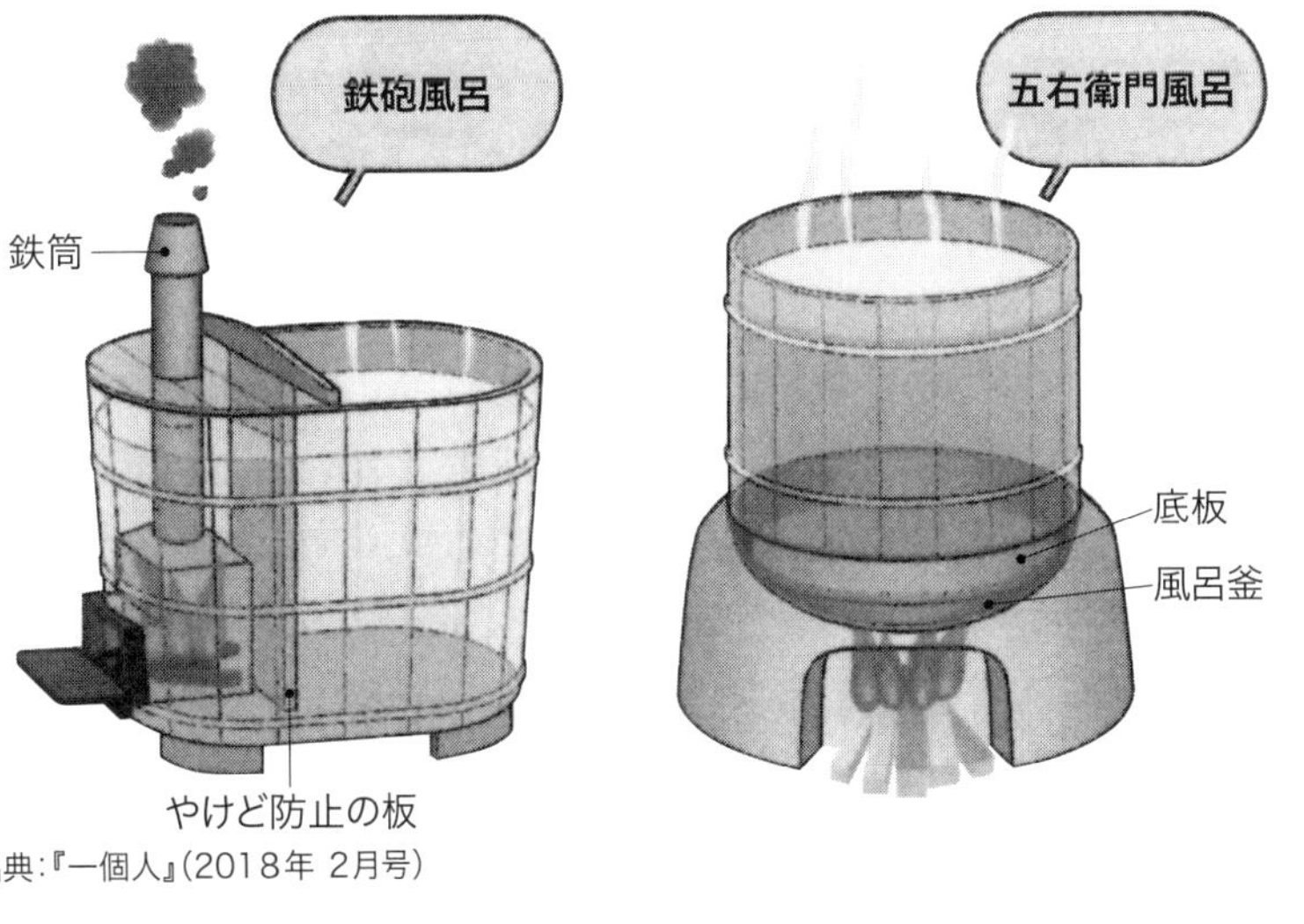

出典:『一個人』(2018年 2月号)

した。

この内風呂の熱源を、薪・石炭から都市ガスに変え、焚口にガスバーナを入れて風呂を沸かすという、日本独特のガス機器を販売したのが東京ガスです。明治40（1907）年、東京ガスは、世界で初めて「ガス風呂釜」を販売しました。

■湯沸器・暖房機器の歴史

このように、日本には昔から風呂の文化がありましたが、湯沸器の文化はありませんでした。日本で湯沸器が登場したのは、輸入された飲茶用の貯蔵湯沸器が最初でした。国産品は、明治37（1904）年頃に洗面用として瞬間湯沸器が製造・販売されたのが最初です。

日本の暖房には、古くから炬燵《こたつ》、火鉢、囲炉裏《いろり》、などがありましたが、明治に入ると、部屋全体を暖める薪ストーブ、石炭ストーブ、暖炉などが使われるようになってきました。ガスストーブでは、この頃に初めて英国製のスケレトンガスストーブが輸入され、使われるようになりました。

②大正時代

大正時代に入ると、厨房機器はもちろん、湯沸器、暖房機器と、家庭で使う加熱用ガス機器のほぼ全種類が輸入されていました。一方、ガス機器の国産化は、「ガスかまど」「ガス七輪」「ガス風呂釜」などにとどまっていました。

日本でのガス機器は、電気機器と違い、都市ガス事業者が主導して小規模なガス機器メーカーにガス機器製造のコンセプト（概念）を伝え、共同開発・製造・販売していました。都市ガスが広がっていくにつれて、身近な厨房機器は、ガスかまど、ガス七輪などを中心に、国産品が普及していきました。

大正時代には生活改善運動が広がり、浴室や便所は、離れではなく、住宅の中に入ってきました。中でも、一坪の中に浴槽と洗い場を作ることは、「衛生・経済・防火」の三徳があると言われ、薪・石炭などを燃料とする作り付けの風呂が広がってきました。

ガス風呂釜は、大手都市ガス事業者が、大正6（1917）年に設立された日本初のガス風呂販売会社である「日本瓦斯風呂商会」などと協力して普及させることになりました。

そんな時、第2章でもふれましたが、大正12（1923）年に関東大震災が発生しました。ちょうど昼の炊事時だったので薪・石炭などの火はすぐに消すことができず、火災の被害が大きくなったということで、すぐに火を消すことのできる都市ガスの安全性が改めて見直され、ガス風呂釜の普及もさらに進んでいったのです。

日本に本格的な瞬間湯沸器が登場したのは、大正元（1912）年にドイツから輸入されたユンカースガス湯沸器が最初で、その後、大正時代にはフランス、イギリス、アメリカからも輸入されるようになりました。ガス湯沸器は海外では普及していましたが、日本では高価な輸入品として一部の裕福層に限られていました。

暖房機器は、イギリス、アメリカなど海外のガスストーブが各種輸入されていましたが、まだまだ庶民にとってはかなり高価なものでした。

③昭和初期から戦前まで

昭和の時代に入ると、都市ガスは更に広がり、都市ガス用ガス機器はほぼ国産化されるようになりました。

厨房機器では、七輪だけではなく、天火（オーブン）、レンジやテーブルコンロ・オーブン・レンジが一体となった調理器など、広く国産化されて普及していきました。昭和になっても燃料は薪・石炭などが主なものでしたが、内風呂はますます広がっていきました。

内風呂の普及に対して、昭和6（1931）年に東京ガスが「早沸釜」ガス風呂【図63ページ】を発売しました。早沸釜ガス風呂は、沸き上がり時間の短縮、熱効率の向上、ガスの完全燃焼、逆火の絶無、点火や取り扱いの簡易化、釜鳴現象の減少、高温の上がり湯、追い炊き可能など、従来のガス風呂のデメリットをほぼ解消していました。

このような早沸釜ができて、都市部ではガス風呂が急速に広まっていきました。早沸釜には煙突（給排気筒）は付いていませんでした。なお地方では、相変わらず昔ながらの薪・石炭などを燃料とする五右衛門風呂、鉄砲風呂を使っていました。

昭和5（1930）年には、湯沸器につながる元で水道を開閉する国産初の元止式ガス瞬間湯沸器が、昭和7（1932）年には、湯沸器の先の水栓でお湯の出し入れを調節する国産初の先止式ガス瞬間湯沸器が、それぞれ製造・販売されました。これらのガス瞬間湯沸器の販売価格は当時約35円で、現在の15万円相当でした。当時のサラリーマンの初任給が50

■早沸釜ガス風呂

提供：東京ガス ガスミュージアム

円位だったので、35円はかなり高く、一般庶民にはほとんど普及していませんでした。

海外で主流の、部屋全体を暖めるガスストーブやガス暖炉などの輸入品は価格も高かったこともあり、あまり使われていませんでしたが、昭和になって比較的安い国産ガスストーブが初めて登場しました。その後、国産スケルトンストーブ【図64ページ】も各種製造され、ガス暖房機器も次第に普及していったのです。日本にも部屋全体を暖める文化が次第に根付いていきました。

■国産スケルトンストーブ

提供：東京ガス ガスミュージアム

④戦後から昭和20年代

昭和16（1941）年に第2次世界大戦が勃発すると、それまで順調に拡大を続けていた都市ガス事業も戦災により製造・導管設備共に大きな影響を受け、戦前に200万件を超えていた需要家数も、戦後には約1／3と大幅に減ってしまいました。

この様な状況の下では、各都市ガス事業者もガス機器の普及どころではなく、まず都市ガスそのものの製造と供給の立て直し、壊れてしまった導管の修理、各家庭内のガス設備機器の整備等に忙殺されていました。

一方、アメリカの進駐軍の家族住宅は、国会議事堂の周りやワシントンハイツ（代々木の国立オリンピック青少年総合センターなどになっている場所）に、約１３００戸ほどが建設されました。昭和22（１９４７）年には、東京ガスの進駐軍向けの需要家数は２３００件となり、当時の東京ガス供給量の40％を占めるまでになったのです。なお、ガス機器は、進駐軍が本国から取り寄せたカタログを日本のガス機器メーカーに提示して造らせた、厨房機器、瞬間湯沸器、ガスストーブなどを使っていました。この時期に進駐軍のカタログを見ながら、ガス機器メーカーが悪戦苦闘してガス機器を作ったこの経験が、後の国産のガス機器開発に生きたともいえます。

昭和20年代後半に入ると、これまで止まっていた各種国産ガス機器の製造・販売が活発になってきました。厨房機器については、戦後・昭和20年代は戦前と変わらず、一般庶民はガスかまどやガス七輪が中心で、一部の富裕層の家庭でテーブルコンロ・グリル・オーブンをワンセットにしたガス調理器【図66ページ】、等が使われていました。

風呂については、戦時下は燃料がまったく不足していたので銭湯はどんどん廃業し、家庭でも風呂を焚けなくなっていました。戦後も住宅事情や燃料不足のせいで、一般の人々にとって入浴は贅沢で、待ち遠しいものになりました。その後、次第に住宅が建てられ、世の中が落ち着いてくると銭湯での入浴も盛んになってきました。

■ガス調理器

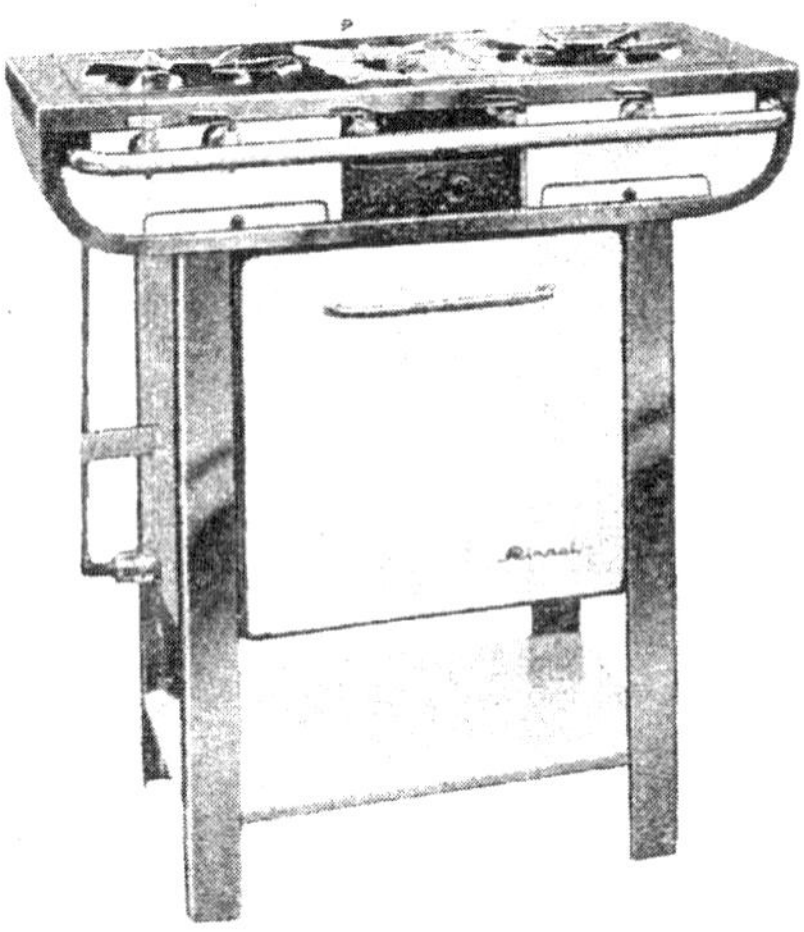

提供:リンナイ株式会社

戦後の昭和20年代は、戦前に較べてもガス湯沸器の数は少なかったと思われます。ガス湯沸器はアメリカでは必須のガス機器でしたので、戦後、進駐軍はワシントンハイツ等でガス湯沸器を使っていました。ワシントンハイツなどに、ガス湯沸器８６６台、ガス料理器８２７台を取り付けたという記録があります。

その影響もあり、アメリカの生活習慣が日本でも定着して、今後ガス湯沸器が普及するだろうとの見通しで、昭和25（1950）年頃から、ガス機器メーカーではガス湯沸器の新製品が続々と開発されていきました。【図67ページ】

戦後になって生活様式の変化もあり、火鉢、炬燵等から、部屋全体を暖めるストーブなどの暖房にだんだんと変わっていきました。ガスストーブ、石油ストーブ、電気ストーブ、暖炉などを、ようやく一般庶民も使い始めたのです。ガスストーブの主流は、戦前と変わらずスケレトン式ストーブでしたが、新しい形の国産スケレトンストーブも各種、製造・販売されました。のちに、板金製のストーブも製造されました。

■ガス瞬間湯沸器

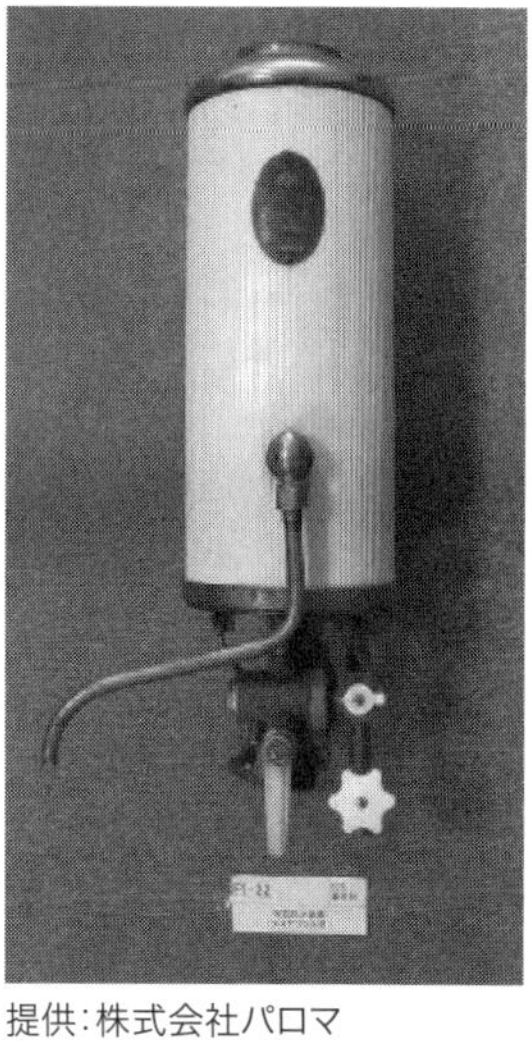

提供：株式会社パロマ

2 黎明期のガス機器の安全対策

ガス風呂釜以外は、ガス灯も含めて各種ガス機器は当初、全て欧米からの輸入品でした。欧米では、基本的にガス機器使用者が安全に責任を持つのが当たり前でした。普通に使っていて事故が起こると、都市ガス事業者やガス機器メーカーに責任はなく、使用者の自己責任というのが欧米の考え方です。

ですから、黎明期のガス機器には、使用者の使い方が悪くてもガス事故が絶対起らないという安全装置は付いていませんでした。日本固有のガス風呂釜についても、従来の薪、石炭、等の風呂焚口に、ガス風呂バーナーを入れるという考え方だったので、特に安全装置は付いていませんでした。

都市ガスの中に含まれているＣＯによる自殺事故は時々起きていましたが、それでも都市ガス事故があまり発生しなかったのは、ガス機器の使用者が少なく、限られた人だったことと、昔の木造家屋は換気も良く、空気中の酸素不足によるＣＯ中毒のリスクが少なかったからだと考えられます。

昭和の時代に入ると、ほぼ全てのガス機器が国産化され、少しずつ普及・拡大が進んでいましたが、前述のように換気の良い日本固有の木造家屋だったため、社会問題となるような都市ガスによる死亡事故はあまり多くありませんでした。ただ、鉄筋コンクリート造り等の気密性の高い住空間で使っていたら、ＣＯガス中毒事故を起こすかもしれなかったケースもありました。機種別に、その内容について例示します。

■1　風呂釜について

前述したように、内風呂は日本固有の文化であり、ガス風呂は薪や石炭等から都市ガスに燃料が入れ替わったものです。昔の風呂は、まず風呂桶屋が風呂桶を作って風呂場に取り付け、焚口で薪や石炭等を燃やす方法でした。そのため、煙突（給排気筒）は、状況によって、取り付けたり、取り付けなかったりしていたのです【図69ページ】。

その煙突（給排気筒）は、桶屋ではなく、煙突業の人が取り付けました。そういう状況ですから、燃料を薪・石炭から都市ガスに変えただけなのが、ガス風呂釜だという感覚だったので、煙突が付いているものと、付いてい

■早沸釜と箱型風呂

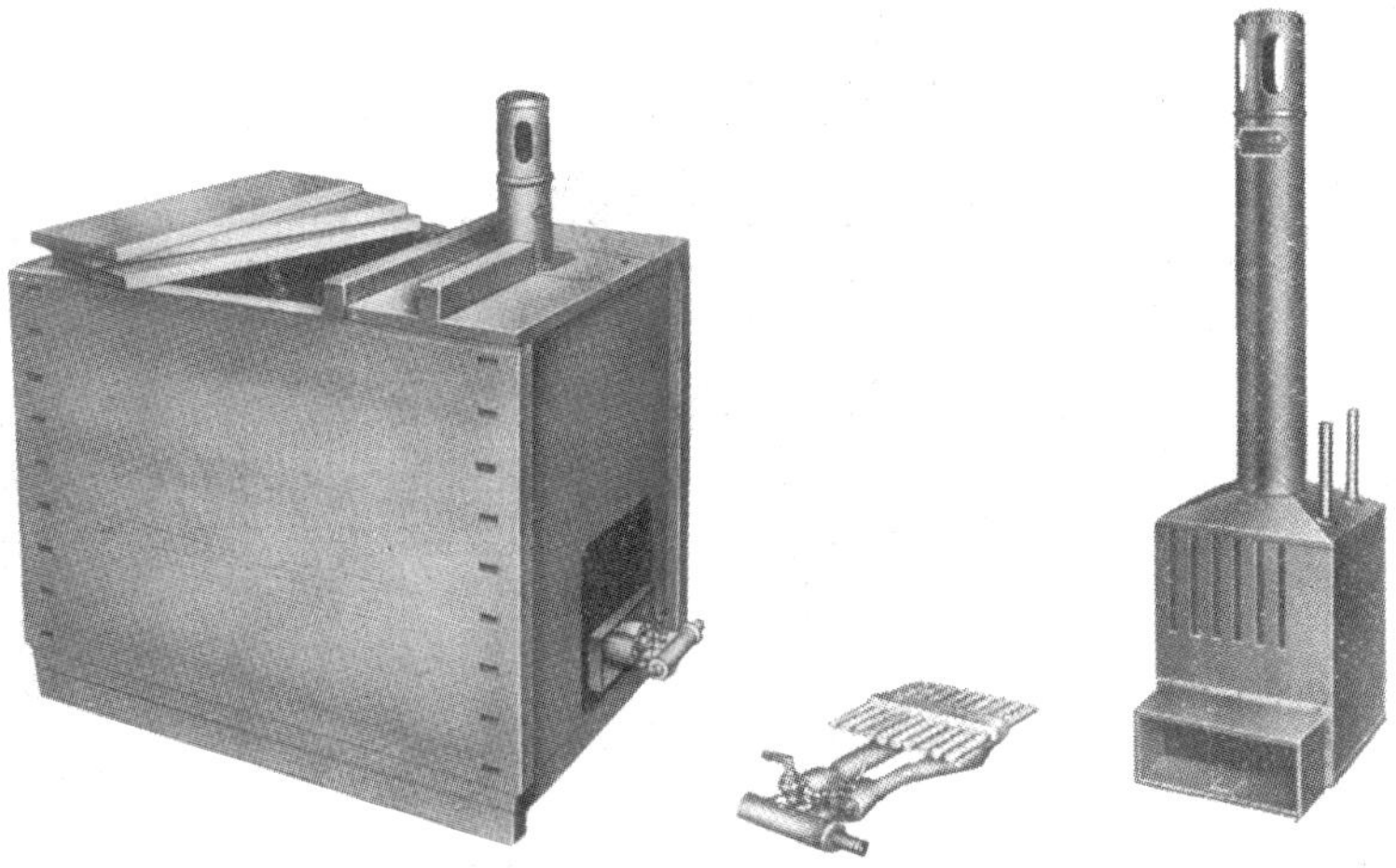

提供:東京ガス ガスミュージアム

ないものが混在していたのです。

■2　湯沸器について

当初、ガス大型湯沸器は輸入されていました。これには排気筒型、BF型、屋外設置型などと呼ばれる型がありましたが、設置基準通り取り付けてあれば、換気不良によるガスCO中毒事故の心配はあまりありませんでした。しかし、日本で取り付けたときに、給排気設備などが設置されないことがあり、CO中毒事故が起きたりもしていました。

一方、小型湯沸器は、食器の洗浄などのために短時間で少量のお湯を出せるという、日本独特の機器で、主に台所で使われていました。そのため台所の換気扇を回さないで長い時間使うと、空気中の酸素が足りなくなり、いわゆる酸欠による不完全燃焼の状態となり、COが出てきてしまう危険性がありました。

■3　暖房機器について

ガス暖房機器も、当初は外国からの輸入品でした。外国では薪や石炭等を燃料とする暖炉には煙突が付いていたのでそこにガス暖房機器を取り付けても煙突はそのまま機能します。

一方、国産のガス暖房機器は当初、火鉢、炬燵等の代わりとして発展したため、室内の酸素を使って燃やす小型の開放型機器でした【図71ページ右】。昔の木造家屋は比較的換気が良かったので、あまり問題は起きませんでした。しかし、近年の木造家屋や集合住宅などは気密性が良く、時々窓を開けるなどの換気をせずに長時間使うと、酸欠による不完全燃焼からCO中毒事故を起こす危険性をはらんでいました。

■4　接続具について

ガス栓と各種機器を結ぶ接続具については、赤ゴム管【図71ページ左】が多く使われていたので、老朽化によるひび割れなどでゴム管が外れ、生ガスCO中毒の恐れがありました。

■ガスストーブ

提供：株式会社ハーマン

■赤ゴム管

提供：東京ガス ガスミュージアム

3 黎明期のガス機器メーカーの状況

黎明期のガス機器メーカーは、外国の情報を参考にしてガス機器を製造する、小規模での、少量生産体制でした。

都市ガス事業者としては、都市ガスを使用する手段としてガス機器がなければ普及が図れないのですが、戦前・戦後の状態では、都市ガス事業者は、都市ガスを供給する設備の安全面を重視していたため、ガス機器の分野については、ガス機器メーカーや使用者側にお任せにして、深く関与していなかったようです。そのため、当初の小規模レベルでの製造体制では、品質確保面や大量生産体制などが対応できない状態でした。

当時のガス機器メーカーは、ガス機器本体の機能に関する認識が低く、大事な排気の処理部分の設備については、外部の排気筒設置業者の取り扱う分野とみなしていた感がありました。特に問題となる、ガス風呂釜、大型湯沸器に関しては、本体、排気筒、排気トップが一体になって、機能が発揮されることが理解されず、機器本体のみが製造・販売され、排気筒、排気トップの販売流通は別ルートとなり、しかも排気筒設置は小規模店レベルの業務範囲であったため、需要家先の給排気設備不備の仕組みが広がったのです。

■各種ガス機器の年代別・用途別普及状況

(国):**国産品**　(輸):輸入品

		厨房機器	風呂・風呂釜	湯沸器	暖房機器	その他
明治	前期 5年~ 25年頃	(輸)ガスコンロ ガスオーブン (国)**ガス七輪**				(輸)ガス灯 (国)**ガス灯**
明治	後期 25年頃 ~45年	(輸)ガス二口コンロ ガスレンジ (国)**ガスかまど・ ガス七輪**	(国)**ガス風呂釜**	(輸)貯蔵湯沸器 (国)**洗面用湯沸器**	(輸)英国製スケレトン ガスストーブ	
大正		(輸)厨房機器ほぼ全機種 (二口コンロ・オーブン・レンジ、他) (国)**ガスかまど ガス七輪**	(国)**ガス風呂釜**	(輸)ガス瞬間湯沸器	(輸)各種ガスストーブ	
昭和	戦中・ 戦前 元年 ~20年	(国)**厨房機器ほぼ全機種 (二口コンロ・グリル・オーブン、他)**	(国)**「早沸釜」 ガス風呂**	(国)**元止式・ 先止式 ガス瞬間 湯沸器**	(国)**スケレトン ガスストーブ 他**	
昭和	戦後 20年 ~29年	(国)**二口コンロ・グリル・オーブン・ワンセットのガス調理器**	(国)**「早沸釜」 ガス風呂**	(国)**空焚防止付 ガス瞬間 湯沸器**	(国)**スケレトン ガスストーブ ・金網 ストーブ ・板金製 ストーブ**	

都市ガス事業者としては、ガス機器本体の販売の流通には関わりましたが、風呂釜、大型湯沸器の排気設備の分野は、当時の排気筒設置業者（煙突業者といわれた人たち）にお任せの分野であったため、CO中毒事故につながる排気設備不備需要家が増えたのです。

4 日本のガス風呂釜の歴史

日本独特の発展をしたガス風呂釜の歴史について、関東地方の例をみながらここでは説明をしていきます。

日本で最初の都市ガスによるガス風呂釜は、明治40（1907）年頃、東京ガスが販売したものです。その頃のガス風呂釜は、それまでの風呂釜の主な燃料であった薪や石炭の焚口に、ガスバーナーを入れたものでした。

大正3（1914）年に出された、東京ガスのガス風呂釜のPR資料【図75ページ右】を見ると当時の状況がわかります。

大正7（1918）年には、日本初の民間ガス風呂販売会社「日本瓦斯風呂商会」が設立されました。大正11（1922）年にはその「日本瓦斯風呂商会」で、今までのガス風呂釜より沸き上がり時間の短い「細山式ガス風呂」が開発され、東京ガスもそれを採用し東京ガスと「日本瓦斯風呂商会」との間でガス風呂釜の取り引きが始まりました。

「細山式ガス風呂」の広告【図75ページ左】にはその特徴がいくつか書いてあります。

その1つ目は、「経済無比＝薪・石炭より燃料費が安く、取り扱いが簡単で、煙突も不要」、2つ目は、「火災防止＝従来、火災の多かった、薪・石炭の風呂釜より、ガス風呂釜は、より安全で、火災を防ぐことができます」ということでした。

この広告文には特筆すべきことが2つあ

■細山式ガス風呂の広告

出典：雑誌「住宅」（1922年）

■東京ガスのガス風呂の広告

提供：東京ガス ガスミュージアム

ります。

1つは、「ガス風呂釜には、煙突は不要です」とあることです。その当時の内風呂は、トイレとともに離れに、あるいは母屋にあっても木造家屋だったので、ガス風呂釜に煙突がなくても給排気上の問題点はあまりありませんでした。

2つ目は、「ガス風呂釜は、薪・石炭を燃料とする風呂釜より安全で、火災を防ぐことができる」ということです。大正12（1923）年に発生した関東大震災で東京が焦土と化した原因の1つに、風呂釜の燃料だった薪・石炭による延焼があり、すぐに消火できるガス風呂釜が改めて見直され、その後のガス風呂釜の普及につながったのです。

そのため、関東大震災以後は東京ガスもガス風呂釜の開発・販売に一層力を入れ始めました。東京ガス器具研究所の金指甚平氏らを中心に、独自のガス風呂釜の開発を進め、昭和6（1931）年には「早沸釜」を完成させて売り出しました。

この製品はこれまでのガス風呂釜の問題点を全て解決したもので、第二次世界大戦後まで長く使われることになりました。

このように、明治時代の後半から大正時代、そして昭和の初めにかけて、ガス風呂釜の良さが認められ、薪・石炭を燃料とする今までの風呂釜がガス風呂釜に多く入れ替わっていきました。

しかし、保安の観点からは、その当時のガス風呂釜にはいくつか問題点がありました。

その1つは、薪・石炭と違ってガスは燃えた時に煙が出ないので、ガス風呂釜には煙突が要らないと、取り扱いの専門家にも誤解されていたことです。当時の家屋は先に述べたように換気の良い木造で、給排気不備によるCO中毒事故もあまり起きていませんでした。

前述した「細山式ガス風呂」の広告には、「ガス風呂に、煙突はいりません」と明記されていました。昭和30年代、住宅公団の気密性の高い鉄筋コンクリート造りのアパートで、ガスCO中毒事故が多発するまで、都市ガス業界ではこのような誤解が一部残っていたのです。

もう1つの問題は、ガス風呂の製造・流通・販売システムです。

薪・石炭の風呂の場合は、風呂桶製造者が風呂桶・風呂釜の一体品を作り、それを浴室内に設置して、その後、煙突業者が煙突を取り付けていました。一方、ガス風呂の場合は、ガス風呂販売会社が、風呂桶にガス風呂釜を取り付けたものをガス風呂として、浴室内に取り付けていました。ガス風呂販売会社はガス風呂に煙突は要らないという認識だったので、ガス風呂の設置に煙突業者は必ずしも係わっていませんでした。

このように、東京ガスは自社でガス風呂釜の製造をすることはなく、「東京ガス指定商制度」を設けて、「日本瓦斯風呂商会」等の指定商に製造・販売・設置を依頼していました。しかしその流れの中には、浴室内設置のガス風呂釜には保安上必ず必要なはずの煙突事業者が入っていませんでした。このような状況が、昭和30年代からのガス風呂釜によるCO中毒事故多発の一因となっていたのです。

第4章

ガス機器の事故多発時代（昭和30〜50年代）

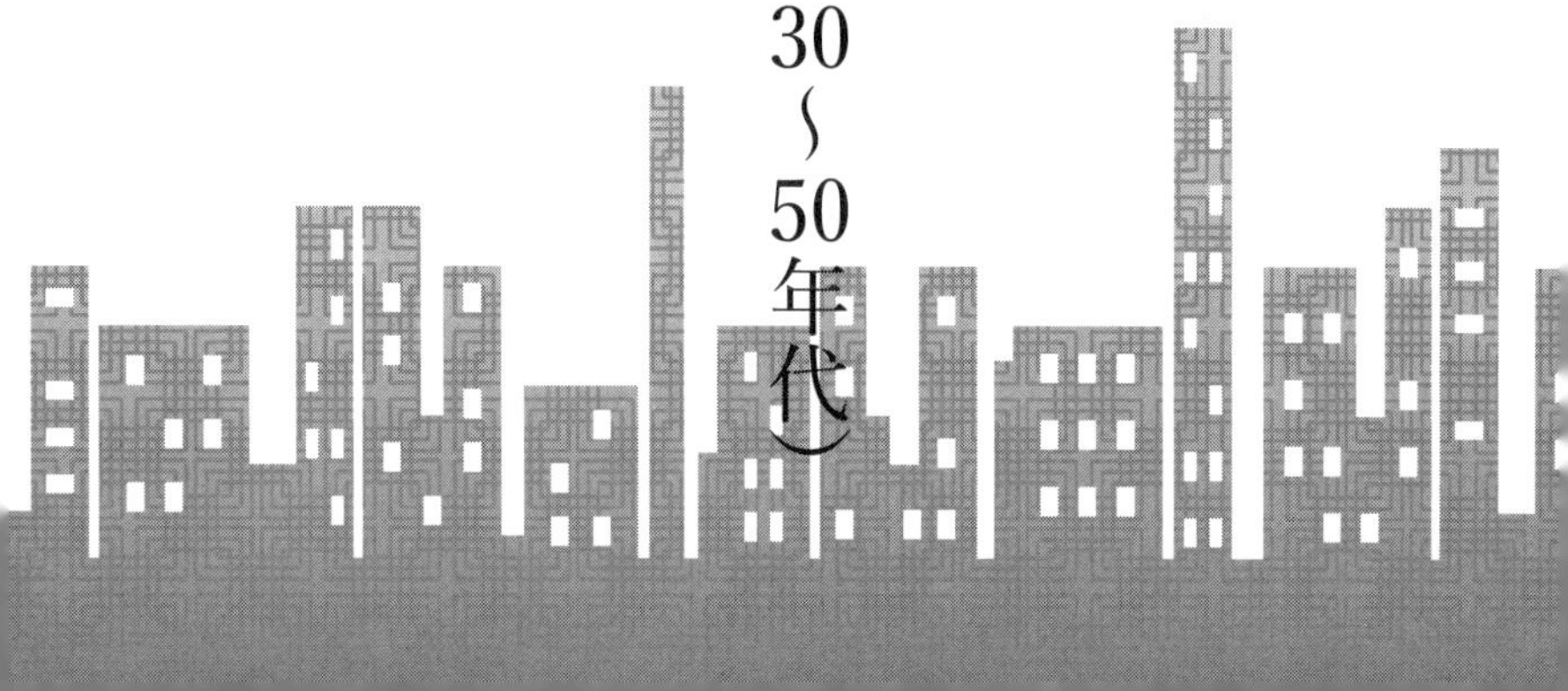

あらまし

昭和30〜50年代にかけて、ガス機器の事故が多発しました。当時の通産省（現在の経済産業省）監修日本ガス協会発行の「ガス事業便覧」の統計によれば、全国の都市ガス事故死亡者数は年間約100人にも達したのです。この章ではその背景や原因について説明していきます。

1 昭和30〜50年代のガス機器事故

この時期は戦後の復旧直後の混とんとした時代と、その名残の時代でした。日本経済の高度成長に伴ってガス機器も急激に増えていった時期です。その半面、ガス機器周辺の整備が遅れていたり、風呂釜・大型湯沸器の給排気設備が改善されていないという背景があり、事故・トラブルが多発しました。

当時の状況を振り返り、事故の内容と原因を調査し、その背景となる問題点を分析していきます。

①都市ガス事故の内容・原因・分析

都市ガス事故の発生数のうち、昭和31（1956）年〜平成29（2017）年までのCO中毒事故、爆発事故などによる死亡者数の推移は【図81ページ】の通りです。

都市ガス事業の保安の歴史から見ると、昭和30〜50年代は、ガス機器の事故が最も多発した時代でした。

この頃は、人命、財産を損なうガス事故が多かったため、新聞、テレビ等マスコミに事故が報道されて、

■ガス事故死亡者数の推移

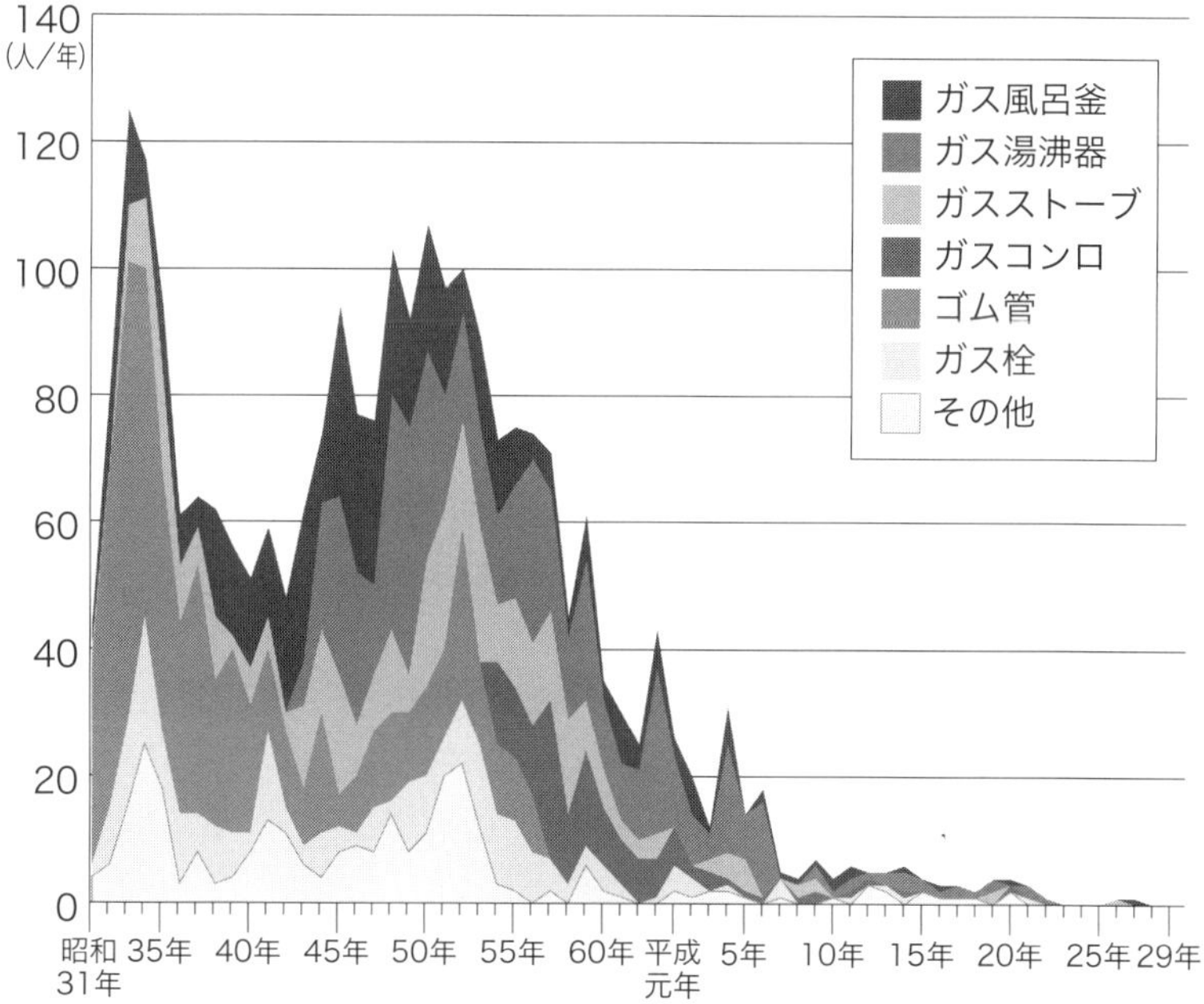

出典：ガス事業便覧（日本ガス協会発行）

大きな社会問題となりました。

当時の事故の発生の背景や原因は何だったのでしょうか。

まず、この時代は、戦災から復興、そして朝鮮動乱の特需景気を経て、国の経済が急成長し、いろいろな商品が売れていた時期でした。


しかし、経済が急成長しても、都市ガスの分野では次のような問題がありました。日本の住宅は、もともとは木造で気密性が低いため、ガス機器の給気や排気の処理は自然にできていました。しかし、経済の成長とともに建築が鉄筋系の共同住宅に変わったのにもかかわらず、過去からの使い方の慣習、ガス機器周辺の旧型設備が多く残っていて、ガス機器の使用環境が良いとはいえない状態だったのです。

こうした、ガス機器の設置状況や安全な使い方の知識が足りないなどの事情が、事故の背景にありました。

■事故の種類

事故を、大別すると次の通りになります。

1．ガス栓、接続具などからの生ガス漏洩によるCO中毒事故

・旧型ガス栓・旧型ゴム管など接続部関連からの漏れが原因のCO中毒事故

2．自殺行為による故意の生ガス放出による事故

・ゴム管切断、旧型ガス栓開放によるCO中毒事故

・原料が石炭ガスの時代はCO中毒が主であり、天然ガス転換の後は室内に充満したガスへの引火による爆発事故

3. 排気ガスの処理不備によるCO中毒事故

・ガス風呂釜、大型湯沸器の排気設備不良による不完全燃焼が原因のCO中毒事故

・室内で使用する小型湯沸器、ガスストーブなどの換気不良による不完全燃焼が原因のCO中毒事故

4. ガス機器使用時の火災事故

・コンロなどで調理中に放置したため過熱しての火災事故、可燃物に着火する火災事故、天ぷら調理中の火災事故

・排気筒型風呂釜の使用時に風呂浴槽内の水がなくなり、空焚きの過熱による火災事故

「CO中毒事故」の原因と背景について

CO中毒とは、ガス機器使用時に給気、排気が不完全なためCOガスが室内に充満し、これが人体の血液中のヘモグロビンと結合し、酸素欠乏（酸欠）中毒により人命を損なう事故です。

当時、特に多かったのが、ガス風呂釜・大型湯沸器の排気筒が無かったり、排気筒が不備だったために、結果として室内の酸素濃度が不足し、不完全燃焼で排気ガス中にCOが発生して死亡する事故でした。さらに、小型湯沸器やガスストーブを締めきった室内で使っていて、換気不良による不完全燃焼でCOが発生して、中毒になる事故もありました。

②発生年代別の傾向

■昭和30年代

この頃の都市ガスは、石炭ガスや石油の熱分解ガスが主流であり、可燃性成分として一酸化炭素ガス（CO）が含まれていたため、使用者の不注意などでガスが漏れ、中毒事故につながることがありました。

ゴム管が古くなっていて、古いガス栓を操作した時の、ガス漏れやゴム管がはずれることなどによってもガス漏れ中毒事故は起きました。また、故意にガス栓を開放してガス自殺をすると、本人はもとより、近くの家が中毒事故や爆発事故に捲き込まれることもありました。

こうした都市ガス成分中のＣＯを減らすため、昭和35（１９６０）年ごろ、各社の製造過程でＣＯコンバーターとよばれる、ＣＯと水蒸気に反応させて、ＣＯをCO_2と水素に変化させる装置を導入してＣＯ成分を減らす対策が行われました。

また、東京ガスでは昭和37（１９６２）年、全需要家約２００万件に、熱量変更（３６００ｋｃａｌ／㎥から５０００ｋｃａｌ／㎥）作業が実施されました。同時に、各家庭を訪問して、使われている全てのガス機器を点検・調整・整備しました。これによって、まだ需要家が少ない時代ではありましたが、一時的には生ガスの中毒事故が少なくなったのです。【図85ページ】

■生ガスによるガス事故死亡者数の推移

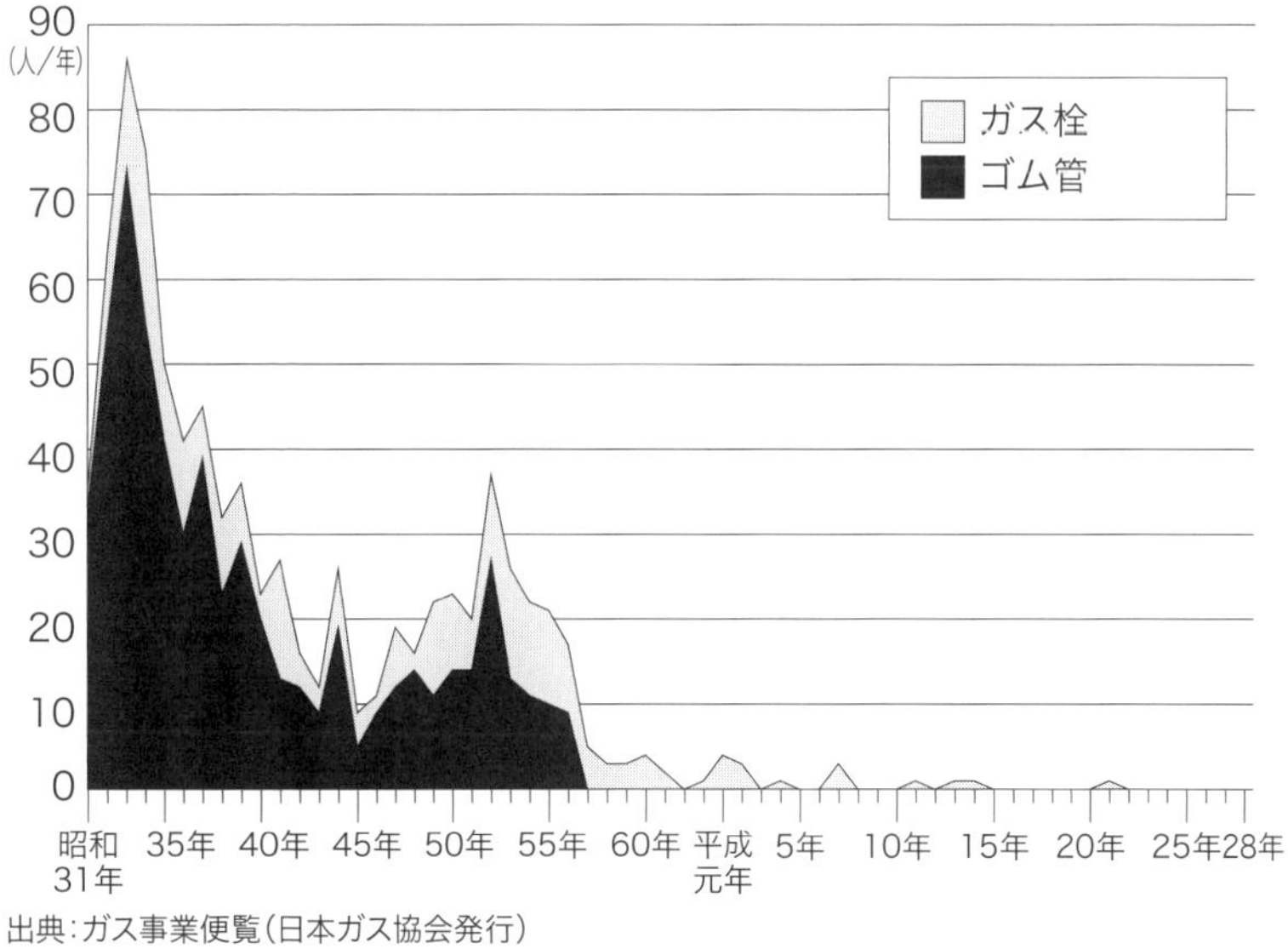

出典：ガス事業便覧（日本ガス協会発行）

この頃から、日本の家屋は木造系住宅が主流だった時代から鉄筋系の建物に変化してきました。

昭和30（1955）年に設立された日本住宅公団が建てた共同住宅は、生活環境を大きく変えました。2部屋または3部屋の住宅に浴室が付き、キッチンにはテーブルコンロと流し、さらに小型湯沸器が付いているという構造なのですが、風呂釜や小型湯沸器、テーブルコンロは居住者が購入することになっていました。

当時としては、モダン住宅と言われたこの様式が民間の賃貸・分譲住宅などの共同住宅の全国的なモデルになったのです。

浴室の風呂釜は、当時市販されていた通称CF型と言われた排気筒型風呂釜でした。風呂釜自体は住む人が取り付けるのですが、排気設備は、本来は家主である公団側が付けるべきものでした。当時のこうした住宅の排気設備は、風呂釜排気筒の設置基準に合致しないものがあり、不完全だったのでCO中毒が発生したのです。民間住宅の戸建て住宅や共同住宅でも、同じような事故が起きていました。

また、小型湯沸器を気密性の高い住居で長い時間使うと、換気不良によるCO中毒が発生することがありました。この対策として都市ガス事業者等関係者は、小型湯沸器の安全使用に関する周知を徹底して行いました。

風呂釜対策として、日本住宅公団は、日本ガス協会との共同研究で画期的なバランス型風呂釜を開発しました。バランス型とは、密閉した機器を同じ位置で給排気すれば、燃焼による排気ガスの上昇力で、排気と給気が同じ位置で対応できるというものです。そのため、機器の燃焼に室内の空気を一切使わず、すべて屋外の空気を使って、機器の燃焼を行うことができるようになりました。

このようにして、昭和40（1965）年以降の建設分からは、安全な風呂釜が設置されるようになりました。この住宅公団方式は全国的なモデル住宅となり、他の公営住宅や民間の共同住宅にも広く採用されるようになり、事故防止に大きな貢献をしました。

■昭和40〜50年代

昭和42（1967）年頃までには、COコンバーター（供給ガス中のCOを減少する装置）の導入と熱量変更作業による家庭内のガス機器の改善により、生ガスによるCO中毒事故死亡者数は次第に減っていきました。一方、全国での都市ガスの需要家数は日本経済の成長とともに増え、昭和42（1967）年には800万件を超し、昭和45（1970）年には1千万件を突破する勢いで増えていきました。【図88ページ上】

それに伴い、ガス機器の製造・販売台数も急増していきます。【図88ページ下】

そのため、ガス機器によるCO中毒事故件数も増え始め、昭和40年代中頃から、ガス機器によるガス中毒事故死亡者数は右肩上がりで増えていったのです。【図89ページ】

■都市ガス需要家数の推移

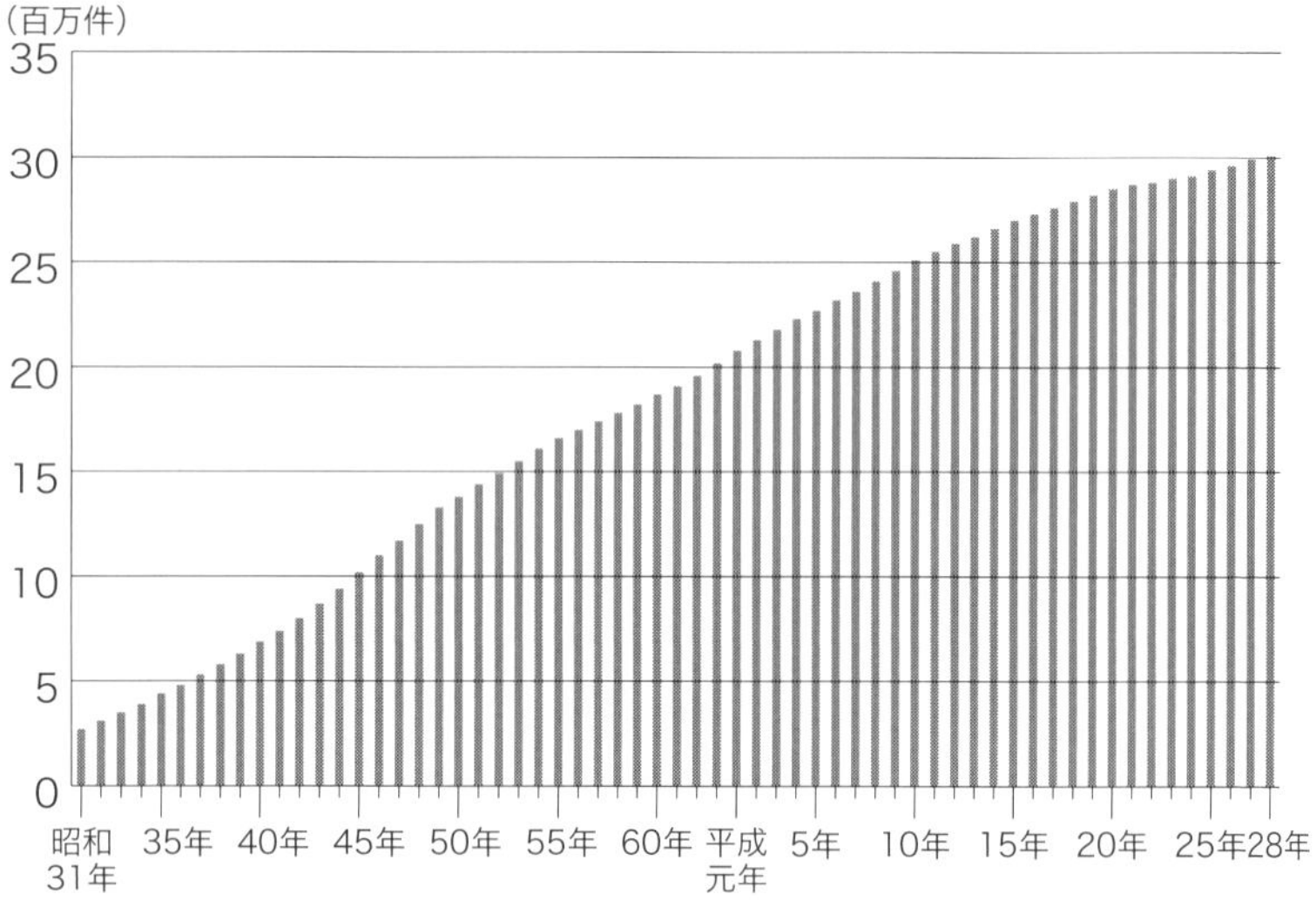

出典：ガス事業便覧（日本ガス協会発行）

■ガス機器生産台数の推移

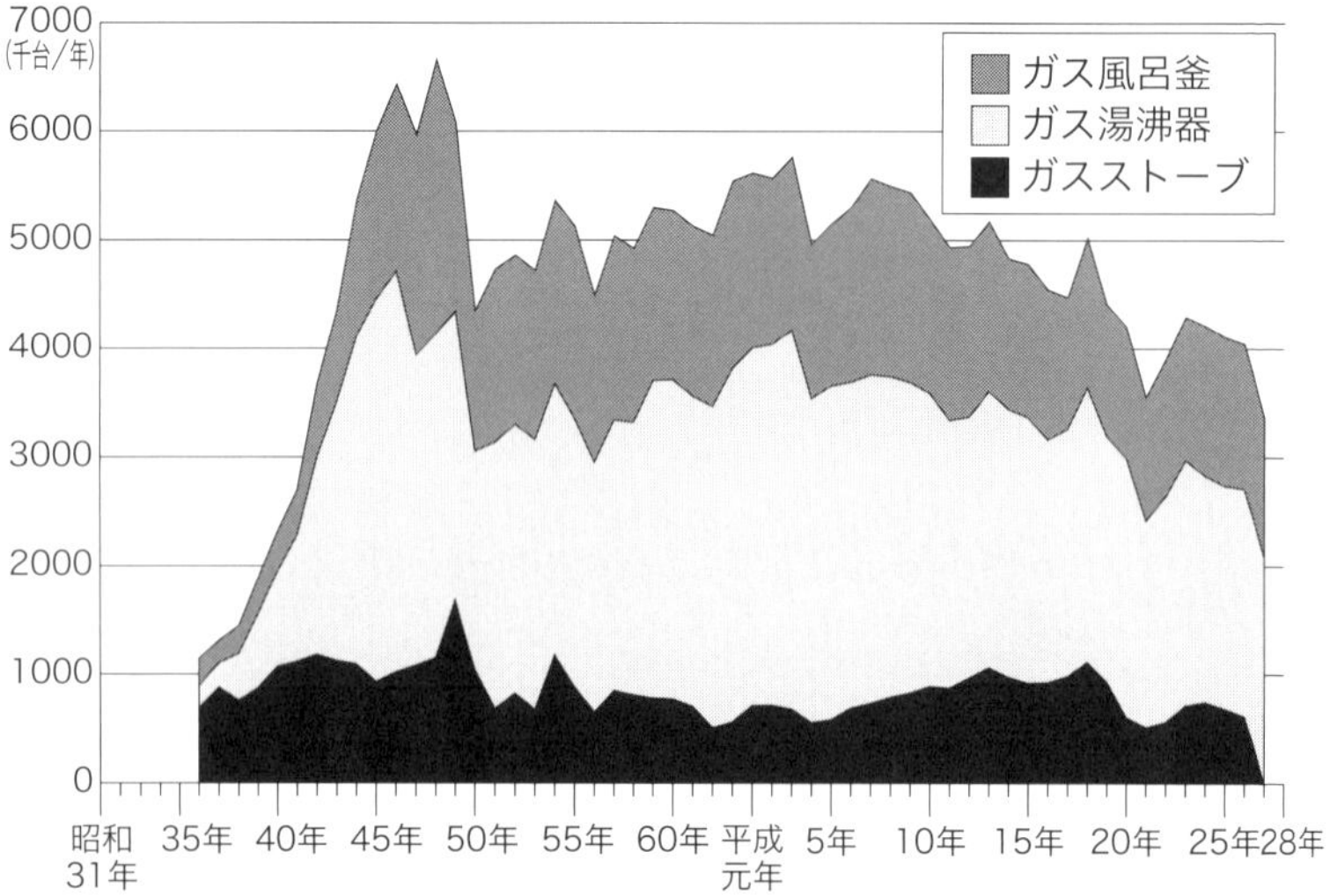

出典：「五十年の歩み」（日本ガス石油機器工業会発行）

ガス中毒発生件数の多い事故をガス機器別にみると、風呂釜や大型湯沸器の給排気設備の不備によるもの、台所の小型湯沸器の換気不良によるもの、ガスストーブを長い時間使ったことによる換気不足によるものに大別されます。

■1　風呂釜・大型湯沸器の排気設備不備による事故

当時の排気筒型風呂釜は、浴室内の空気を使ってガスを燃やすので、排気を煙突で屋外に出すためには排気筒が必要でした。換気の良い木造住宅なら若干の不備があっても大きな事故にはなりませんでしたが、気密性の高い鉄筋系の集合住宅構造の中には、排気筒が正常に取り付けられていないケースがあり、長時間使うと排気処理ができず、室内にCOガス

■ガス機器CO中毒事故死亡者数の推移

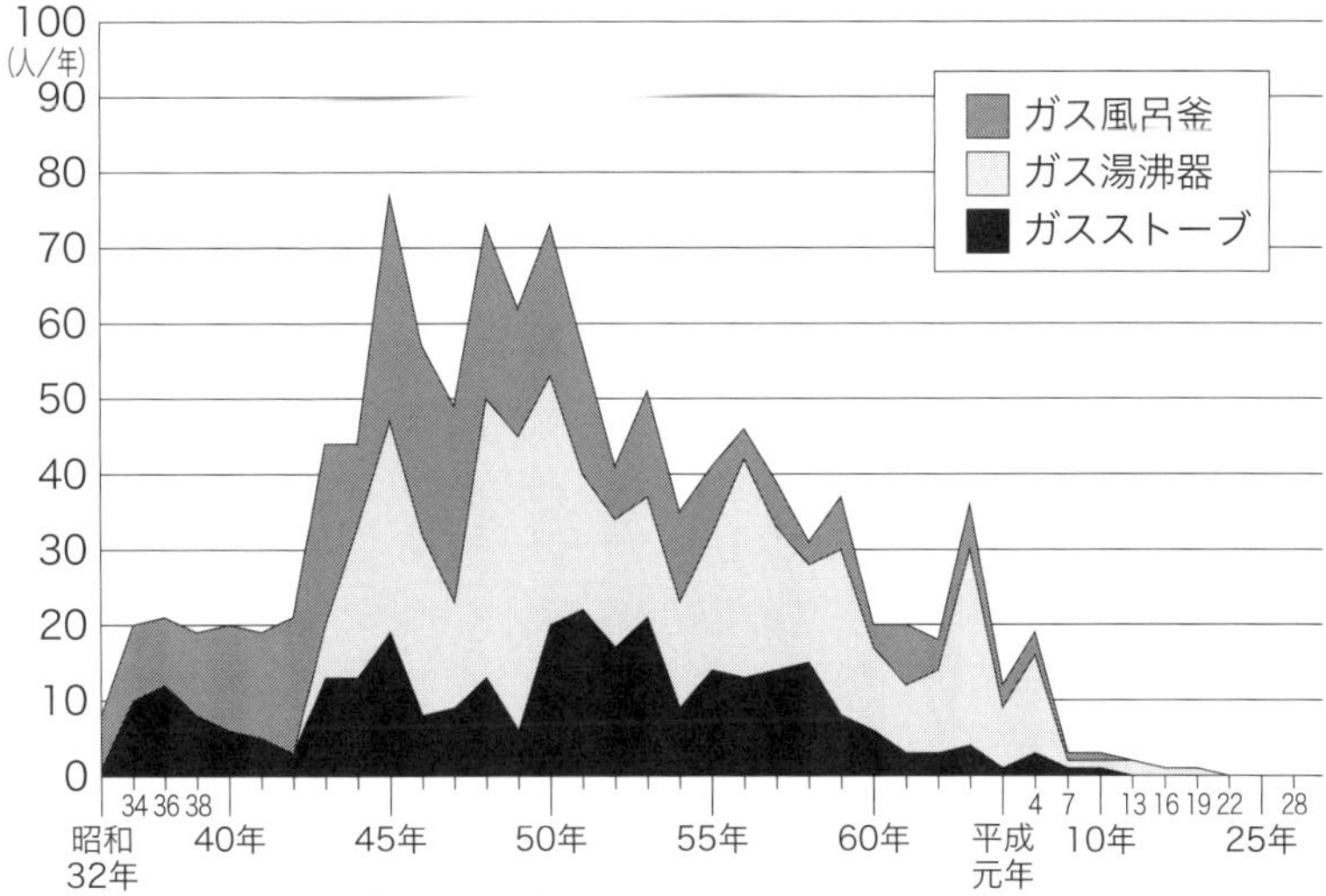

出典:ガス事業便覧(日本ガス協会発行)

が充満してCO中毒事故になることが多かったのです。

当時は風呂釜が増える一方で、それにつれて給排気設備の良くない家も増え、CO中毒事故が多発したのです。

■2　小型湯沸器による事故

小型湯沸器は、着火方式が圧電式点火の商品が開発されるなど、戦後は特に使いやすくて購入しやすい価格になったことにより、他のガス機器とともに普及数は急拡大しました。

都市ガス事業者としては、小型湯沸器の使い方として、換気扇の使用とか、短時間使用などの安全使用の周知をしましたが、小型湯沸器の急速な普及とともに不完全燃焼によるCO中毒事故は急増していったのです。

■3　ガスストーブによる事故

ガスストーブも、小型から大型まで、いろいろなタイプのものが開発され、広く普及しました。それにつれて、密閉した部屋で長い時間使うことによるCO中毒事故も多くなってきました。

■4　自殺による事故

自殺のために室内に生ガスを放出するCO中毒事故は、ガス栓・ゴム管などが改良されたこと等によって次第に減少していきました。

一方、天然ガス転換後のガス自殺は爆発につながっていきました。理由は、天然ガスになるともれたガスにはCOがありませんからCO中毒にはならず、もれたメタン主体のガスが充満します。死ななかった自殺者が数時間後、それと気が付かずうっかりタバコを一服したりして、爆発するのです。

特に、それが集合住宅の場合は被害が大きくなり、新聞に大きく報道されるなど社会問題になりました。しかしその後は安全化の促進により、自殺行為も減少しました。

■5　火災による事故

火災になる原因は、排気筒型風呂釜での空焚きや、湯沸器などの過熱で近くの物に引火すると言うケースがあります。それ以外にも、台所のテーブルコンロでのやかんの空焚きや、てんぷらを揚げていて目を離した際の火災事故などがありました。

2 ガス機器事故多発の原因と社会的な背景

①社会環境

戦時中、建物や道路に敷設された都市ガスの導管などが日本中で破壊されました。しかし戦後の復興期を終えると高度経済成長が始まり、昭和31（1956）年には、「もはや戦後でない」とも言われるようになりました。国民の所得が増えるにつれて、多くの大衆向け商品が出てまわり、家電製品やガス機器などの家庭内機器が増えて生活環境も大きく変わっていきました。

その反面、各種の設備・機器や自動車など、他の業界でも、便利さに伴うさまざまな歪が起きた時期でもありました。ガス機器も建物構造の変化などにより、いろいろな事故やリコールなどのトラブルが起きた時代だったのです。

②ガス機器使用環境の変化

戦前・戦後を通じて、主に使われていたガス機器は煮炊き用のガスコンロ（七輪）であり、湯沸器や風呂釜などの大型機器は一部の富裕層に限られていました。そしてガス機器の使用環境や使い方などについては、その使用者に周知すればよいというレベルで済んでいました。

しかし、ガス機器が急速に普及拡大した昭和40（1965）年頃からは、建物の構造も変わってきました。こうした、ガス機器を使う環境が変わったことを、建設業界やガス機器関係者、そして広く使用者全体に対して安全周知という形で知らせなければならなかったのですが、なかなか趣旨が伝わらなかったのです。

当時、住宅内のガス機器は、建物を建てたあとに取り付けるのが普通でした。まだその頃に多くを占めていた従来の木造住宅では、ガス機器の給気と排気処理が自然の換気でまかなえたので、特に使用者への配慮は必要ありませんでした。

しかし経済の向上や近代化に伴い鉄筋系の建物が増え、木造住宅も気密性が高い構造になってきました。建築業者や設備業者に対しては、大型機器である湯沸器や風呂釜の排気処理のためには、排気筒が必須であることを指導しなければなりません。

また室内で暖房器や小型湯沸器を使う一般の利用者にも、設置方法や使用法に関してＰＲする事が必要になってきたのです。

使用者に対しては、建物の気密性が高くなっているので換気に対する一層の安全周知が必要だったにも拘らず、ガス機器を長い時間使う時の周知事項を徹底することができず、不完全燃焼による中毒事故が起きるようになったのです。

都市ガス事業者は都市ガスの使用者に対し、風呂釜・湯沸器など大型機器の給排気設備を安全のために正しく設置するようお願いしていました。特に問題のある設備を持っている家に対しては、改善の具体的な方法を提案したり、きめ細かなお願いを繰り返していたのです。しかし、大部分の使用者や建物の所有者には改修費用を出してもらえず、都市ガス事業者が主体的に改善せざるを得ないというのが実態でした。

ガス事故が起きるたびに、行政側から都市ガス事業者に対し、再発防止のための安全巡回活動をするよう繰り返し要請が出されました。しかし、使用者の安全を「周知」という「ソフト対策」だけに頼るのには限界があり、徹底できないという悩みがありました。このため、都市ガス事業者としては、ソフトだけではなく、「ハード対策」を主とした保安政策に変える必要性があったのです。

③CO中毒事故を起す対象機器と給排気処理対策の実態

CO中毒事故を起す機器は、ガス風呂釜と大型湯沸器、小型湯沸器・ストーブでした。そのうちの風呂釜と大型湯沸器とでは機器の成り立ちが違います。

■風呂釜関連機器について

前述の通り、日本と外国では風呂の使い方が違います。日本には昔から風呂に入る文化があり、外国はシャワーで済ませるという文化です。日本の風呂の歴史は古く、全国各地にいろいろな入浴の仕方がありました。銭湯などの大衆共同浴場も古くからありました。そして日本の近代化に伴い、家庭内で風呂釜を使う浴室風景が標準になり、大衆的な銭湯などの共同浴場から、内湯風呂の時代に変わってきたのです。

特に、排気筒を付ける煙突業者と、ガス風呂釜を販売・設置する業者とは、うまく連携できていませんでした。排気筒材料の品質も粗悪なものが多く、ブリキ製や樹脂塗装製が主であり、安いけれども腐食しやすいため、事故の潜在的な原因にもなっていました。

今では普通になっているステンレスの排気筒は高いと思われて普及していませんでした。ブリキ製は安いけれども腐食しやすく、問題が出ていました。

このように、機器本体と給排気処理が一体になっていない風呂釜が、流通・販売されていたのです。こういう背景が、風呂釜の給排気設備不備による事故の一因になっていました。

■大型・小型湯沸器について

戦前と戦後の早い時期、大型湯沸器は輸入したものを富裕層や外国人が温水シャワーとして使っていました。国内の数は少ないものの、給排気設備は風呂釜設置環境と同じで、排気筒がうまくできていませんでした。

小型湯沸器は日本独特のもので、台所とか洗面所で少量の湯を短い時間だけ使う目的の製品で、簡単に付けられたので全国的に普及しました。

その小型湯沸器が日本住宅公団の住宅モデルに採用されると、さらに一般住宅などにも広く使われていきました。小型湯沸器は、台所などで一回に5分程度使うというのが目的で、使うときは室内の換気が必要になります。しかし、一部の利用者は換気扇を回さずに長く使うことがありました。そうなると室内の酸素が減って不完全燃焼が起こり、一酸化炭素（CO）が出てCO中毒が起るのです。

■暖房用ストーブについて

小型の暖房用ストーブは戦前から使われていましたが、数も少なく、木造の気密性の低い建物で長い時間使っても問題はありませんでした。しかし、鉄筋住宅や、木造住宅でも気密性の高い部屋になると、酸素が不足して不完全燃焼を起こし、CO中毒事故が起きるようになりました。

なお、現在では室内型のガス暖房機はファンヒーターが主流で、換気不良で不完全燃焼ガスが発生するとガスを止めて運転を停止する安全な仕組みになっています。

④燃料と煙突に関する歴史的な背景

昔の風呂釜の燃料は薪や石炭であったので、煙が出るので、煙突は必ず取り付けてありました。一方、都市ガスは無色、無臭（後で臭いをつけました）ですから煙が見えません。ガス風呂の場合は煙が見えないので、販売者や設備の関係者は煙突はいらないと錯覚してしまい、排気処理の大切さがわからないままに、各家庭に機器本体だけを販売・設置したものと考えられるのです。【図97ページ】

■風呂釜排気筒不備の例

提供：東京ガス ガスミュージアム

当初のガス風呂釜の広告やカタログ、説明書には、「排気筒のない」場面の絵や写真がありました。

⑤ガス機器の建物内設置に関する問題点

近年では、住宅内の空調機器、ガス機器、その他の住宅設備は「ビルトイン」といって、設計の段階で入れてありますが、昭和40（1965）年頃は、建物が先に作られ、設備機器類は後で付けるというのが一般的でした。

当時、ガス機器は使用者の財産だという考え方が主流で、建築者は、ガス機器の給排気設備は使用者が管理すべきものとしていました。

したがって、ガス機器の新規設置の際、給排気設備に建築者は関与せず、設備を担当するものが対応すべきものと考えられていました。本来は建築者の管理も必要であるのに、ガス機器の設置は設備業者や都市ガス事業者の責任とされていたのです。使用者は設備が不備であっても、わからずに使っていたため、事故になったことも多くありました。

本来、建物にガス機器を付けるには、「都市ガス事業者」「建築・設備業者」「ガス機器メーカー」の三者が関連しています。この連携が重要であったことは、後日、都市ガス事業者が不良設備改善の対策をしているときにわかったのです。そこで、日本ガス協会所属の大手都市ガス事業者が中心になり、日本住宅公団や建設業界、設備業界、ガス機器工業会などの関連の団体との連携を深めていきました。建築設計をする時点から、ガス機器設備計画を組み込むように、都市ガス事業者が積極的に話し合った結果、ようやくガス機器を安全に使えるようになったのです。

具体的には、都市ガス業界が「ガス機器の設置基準及び実務指針」を昭和58（1983）年に作成し、日本ガス機器検査協会で出版、その本を建設業界、設備業界、ガス機器メーカー、使用者向けなどに広くPRしたのです。

⑥ガス事業法とガス機器の保安責任について

前述のとおり、大昔から、ライフラインである火の取り扱いと給気・排気は使用者個人の責任であるという文化がありました。しかし、人類の進化、技術の進歩、人間社会の構成上の変化などで、熱エネルギーの取り扱いが個人だけでなく企業と使用者との役割分担になってきました。

欧米など諸外国の例では、ガス機器の保安に対して、都市ガス事業者と使用者の責任と役割がはっきりしていると言われています。つまり、財産の所有者に保安責任があるという「権利と義務」思想が徹底しているのです。しかし日本社会では、長い歴史からくる儒教の影響や社会慣行といったものから、個人の所有するガス機器の保安責任はあいまいになりがちです。

ガス機器を所有している人が少ない時代には、その商品の安全管理は個人の責任であることが、社会通念でした。しかし文明が発達して近代化するにつれて、商品の安全はそれを供給する会社の責任でもあるという社会通念になってきました。ガス事業法では、ガス機器の所有者は、都市ガスの利用方法に関しては不慣れであるため、「安全周知」によって、専門家である都市ガス事業者が安全を確保すべきであるとなっています。

都市ガス事業者は、使用者に責任があっても、事故を起こさせてはならず、そのために安全周知をしなくてはならないというのが、行政指導側の思想です。

ガス事業法の中では、ガス機器に関する「調査義務」と「安全周知」という保安責任が課されています。したがって、使用者が所有するガス機器の給排気設備の悪さが原因で事故が起きても、都市ガス事業者には、「安全周知」の観点から見た、事故を起こさせないという保安責任があるのです。

ガス機器が普及していなかった頃には、事故は使用者の責任として表面に出なかったのですが、近年では、ガス機器が普及し事故が増えるにつれて、人命や財産に影響するため社会問題となりました。

ガス機器による事故が発生し、人の生命や財産まで影響を及ぼすことになると、都市ガス事業者をはじめガス機器販売会社・ガス機器メーカーは、法令の責任範囲だけでなく、道義上の責任も問われる状況になったと認識することが肝要です。

第5章

ガス機器事故再発防止対策

あらまし

昭和50（1975）年頃、都市ガス事業を所管する通産省・資源エネルギー庁は、多発するガス機器事故を重大視し、再発防止のために対策委員会の設置、諸外国への調査団派遣、法令の改訂などを実施しました。都市ガス事業者の全国団体である日本ガス協会も、昭和54（1979）年に、都市ガス事業者の経営陣による「保安対策委員会」を設置しました。当時は通産省資源エネルギー庁・消防庁・建設省・警察庁・日本ガス機器検査協会などの諸官庁と、日本ガス石油機器工業会、ガス警報器工業会などの工業会、建設業界、設備業界などの業界団体、消費者団体などの関係団体が協力して安全対策を練りました。ガス機器事故を撲滅するために、ガス機器に抜本的な「ハード対策」と「ソフト対策」がとられたのです。

1 都市ガス事業者の基本的な対応

戦後の日本は社会全体が貧しく、商品も安くなければ買ってもらえない時代でした。ガス機器も同じでした。さらに、ガス機器がさほど広く使われていない時代には、使用者が使い方で安全に気を付けるから、安全装置はいらないし、商品価格は安くしたほうがいいという考え方がありました。

安全のための装置にコストはかけないという背景から、安く提供し、使用者には注意して安全に使ってもらうという、製造・販売者と使用者との間の暗黙の了解が社会システムとして成り立っていたのです。

一方、ガス機器がなければ都市ガスは売れないので、戦後都市ガス事業者はガス機器メーカーに、安全を考えた機器の開発コンセプトを出して指導し、できたガス機器の販売は、都市ガス事業者が積極的に販売していったという経緯があります。

そのため、我が国にガス機器が入ってきた時以来、安全は、使い方を理解させるという、ソフト面での対応になっていて、「事後対応」という、事故が起きてから対策を行えばいい、という考え方が主流でした。これは、当時社会全体に広まっていた考え方であり、ほかの業界も同じでした。

しかし、都市ガス事業の拡大によって事故が多発してくると、都市ガス事業者としても、多様な使用者に対して「安全周知」という「ソフト対策」だけでは限界を感じていました。たとえ事故の責任が使用者にあっても、人の生命・財産に影響を与えてはいけない、そのために、安全は「ハード対策」として、機器に安全装置を内蔵化しなければならない、そしてそれを具体的に実施していこうという判断を、当時の都市ガス事業者の経営陣がしたのです。

昭和55（1980）年、当時東京ガスの社長であった村上武雄氏の言葉に以下のようなものがあります。

①都市ガス設備は近代化しなければならない、その前には「都市ガスというエネルギーは使い方を誤ると危険」という考え方を徹底することである。
②天然ガス転換を通じて、全国的にガスグループを統一化することが必要である。

これは、将来の都市ガス事業の近代化に必要な思想でもありました。

この考え方は、仮に使用者のミスがあったとしても、大きな事故にしないという「フェイルセーフ」思想を取り入れた経営政策でした。法の基準を超えた、自主的な保安である「予防保全型」の思想を、大手都市ガス事業者の経営者が率先して採り入れたのです。

都市ガス業界の団体である日本ガス協会の基本方針として、同業各事業者の経営方針を平成12（2000）年に「都市ガス死亡事故ゼロ」を目標とすることとし、具体的な抜本策をたてて、それに沿った運動を展開しました。その後、状況に応じて平成22（2010）年、平成27（2015）年に目標を再検討し、当初の理想となる目標は段階的に達成されたのです。

このため、都市ガス業界が主となって、ガス機器メーカーとともに、ガス機器の安全化の技術開発を進めました。その結果、安全性＋操作性やデザインなどで付加価値を高めた商品開発が進み、今日の「死亡事故ゼロに近いレベル」につながったのです。

しかしこの時点では、既存のガス機器には旧型機器が存在していました。また業務用ガス機器は、多様な使われ方が主流だったため、保安重視の考え方を継続して実施することが必要でした。

昭和50（1975）〜60（1985）年にかけての当面の対策としては、事故の予備軍である既設のガス機器の不良設備の改善を使用者に要請したり、老朽化した不良機器の取替を依頼するなど、徹底的な「ソフト対策」を実施しました。将来の抜本的な安全のために、「ハード対策」としての技術開発を大手都市ガス事業者とガス機器メーカーが急速に進めることとし、その後、安全機能の付いた操作性の良いガス機器を商品化していきました。

将来に向けて必要なのは徹底的な機器の「ハード対策」です。そのためには、今までのガス機器や接続具、ガス栓などを徹底的に調査分析する必要があります。都市ガス事業者が、機器メーカーや関係者と一緒に調査分析をし、同時に安全のための技術を開発して、安全装置付きガス機器の普及活動を主導していったのです。

この時点での基本的な考え方は、「たとえ使用者のミスがあっても大きな事故にはしない」という「フェイルセーフ思想」でした。この商品化の考え方が「マイコンメーター」の開発につながってゆきました。「マイコンメーター」は、ガス事故の防止だけでなく、大地震が起きたときの火災防止にも効果を発揮し、最近の大地震災害でもガス事故防止に大きく貢献しています。さらに、ガス機器や周辺の接続器具なども、これらの抜本的な技術開発により保安対策としての安全性が向上し、今日の「都市ガス死亡事故ゼロベース」時代になってきたのです。

2 既存ガス機器に対する改善策

事故の再発防止策の基本は「ハード対策」ですが、すぐにしなければならないのは、徹底した「ソフト対策」です。

都市ガス事業者は、再発防止のための安全周知を徹底しようと、全国的に特別巡回を実施しました。給排気の設備に不備がある需要家には個別に各事業者が改善を要請したり、具体的に改善工事を指導したりして、潜在的な事故予備軍を減らしていきました。

①CO中毒事故対策の対象と具体的な改善対応策

1　対象となる機種別対応策

・風呂釜、大型湯沸器の給排気設備対策
・小型湯沸器の換気対策
・開放型ストーブの換気対策（スケレトン型ストーブ、赤外線ストーブなど）

2　給排気設備不良の改善のための要請・施工

風呂釜の歴史的な背景から排気筒設備の良くない件数は、当時の読売新聞の記事では全国で約50万件あり、これがCO中毒の予備軍と考えられました。このため、全国の都市ガス事業者はそれらの顧客を個別に訪問し、給排気設備の改善を要請しました。

しかし現実には、必要性が理解されないとか、改善費用が高いとかで使用者からの協力が得られず、なかなか改善が進まないのが現実でした。

ガス事業法に基づき、政府が使用者に向けて強制的な改善を勧告したこともありましたが、うまくいきませんでした。改善勧告では使用者は動かず、まさしく都市ガス事業者による地道な周知活動に結果が求められたのです。

特に首都圏の東京ガス管内には給排気設備の不備な需要家が集中していたので、それを減らすには抜本的な作戦が必要でした。

風呂釜の製造、販売、現場施工の状況を見ると、ガス機器本体を設置するときに、排気筒の重要性が分からないまま普及してしまったため、東京ガス管内では、給排気設備の不備が昭和20年代後半〜40年代にかけて多くありました。ガス事業法に基づいて、昭和50（１９７５）年に調査点検をしたところ、当時の東京ガス管内の需要家数約５００万件のうち、設備の良くない家庭が約34万件あると推定されました。

このため対象需要家に対して、特別安全巡回を行い、改善の要請を繰り返し行いました。

その際当時の村上社長は「ガス中毒事故」をなくすのは、都市ガス事業者だけでなく、「建設事業者」、「ガス機器メーカー」、「都市ガス事業者」の三者間で行うべき仕事なのだから、専門の会社を設立して、対応するよう指示したのです。

そのため、昭和51（１９７６）年8月に「都市ガス中毒事故」をなくすための専門会社、「東京給排気設備」（その後トーセツに社名変更）という会社が設立され、活動が開始されました。

この会社の株主は東京ガスのほか清水建設、大成建設、鹿島建設、三菱地所、銭高組、三菱電機、日立製作所など東京ガスと関係のある大手の会社でした。実際の運営は東京ガスが主体だったのですが、新たな専門会社としてはこの関係業界との連携が必要だったのです。

ガス機器を建築設備の一部として位置づけ、ガス事故問題の改善を関係業界に働きかけた村上社長の経営判断は的確でした。

専門会社として、対象家庭別に集中して対応し、毎年10万件もの改善をした結果、10数年後にようやく改善すべき対象が減ってきました。逆算すると34万件と見ていた風呂釜、湯沸器の不良給排気設備は、実際は約１３０万件あったことになります。その後も改善または新しい機器に取り替えられることで、都市ガス事故の予備軍はなくなり、事故は減少しました。

専門会社を設立しての対策の実施は、既設の不備対策だけでなく、ガス機器と建築の一体化という、今後のあるべき姿をも示してくれたものであり、極めて前向きの思想につながっていったのでした。

この時から、建設業界、ガス機器メーカーと都市ガス事業者の連携が始まり、建物の設計にガス設備・機器が組み込まれてゆきました。これで社会システムとしても、建物内へのガス機器や設備のビルトイン化が進み、さらに住環境のグレードアップなどで発展的にライフバリューも進化していったのです。

いわば、この時代がきっかけになって、今日に至る、ガス機器の近代化への道が開けたと言えましょう。

3　具体的な給排気設備改善について

□改善方法

給排気設備への取り組みとして、不備のあるガス機器をどう改善するかが考えられました。まず、既存設備の不備を改善する具体的な方法を需要家に提案していきました。具体的な改善例は次のとおりです

・単独または共用排気筒による改善
・新規安全型機器（BF型、RF型）への取替
・強制排気方式（安全システム付き）への改善

□浴室給排気設備不備の改善

戸建てで、浴室が外部の壁に面していると比較的簡単ですが、浴室が内部にあるときは費用が割高になるので複数の案を提案します。共同住宅では非常に難しいのですが、大部分共用排気筒を使いました。

例えばそれは、日本住宅公団や都営住宅などの公営住宅、公務員住宅などですが、特に公営住宅は給排気設備が良くありませんでした。民間の賃貸住宅などでも不備が数多くありましたが、10数年かけて取替えや建物の建て替えなどを行い、改善しました。

■4　改善用ＢＦ型風呂釜の開発と取替促進

既存のＣＦ型風呂釜を取り替えるときは、既存の風呂釜の幅にあった安全型機器の開発が必要でした。そこで、安全なバランス型機器の開発が行われました。

単独排気筒の浴室上部に給排気部をつけた、二重管方式のバランス型機器・ＢＦＤＰ型風呂釜【図１１３ページ】を、機器メーカーの（株）ノーリツと、パーパス（株）が開発し、それを旧型風呂釜の取替用として使いました。

この商品は既存機器の買替え用として、東京ガス管内だけでなく、一般の市場でも販売され、安全化に大いに貢献しました。なお本機器は、現在でも販売されています。

■BFDP型風呂釜

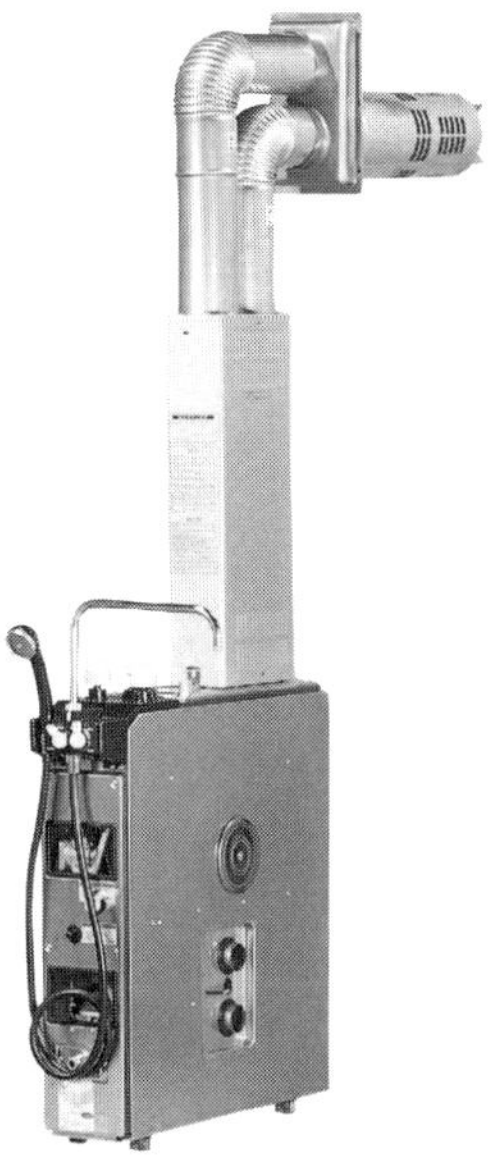

提供:パーパス株式会社

■5　浴室のリフォームを兼ねた、新規機器への取替

抜本的な対策として、給湯器を室外に設置し、浴室に浴槽・給湯栓・シャワー等を設置し、浴室をユニットにした商品も開発されました。リフォームの一環として付加価値を付けたプラス思考の浴室改造で、結果的にこれも安全化に大いに貢献しました。

■6　新規ガス設備工事の際の給排気設備のチェックシステムの導入

東京ガスでは、新しくガス設備工事を行う時には、給排気の方式を都市ガス事業者がチェックするというシステムを導入しました。このチェックシステムは、不良給排気設備を作らないための仕組みです。結果として、当時存在していた不備設備が減少し、事故減少に貢献しました。

■7　小型湯沸器・ストーブ換気対策の特別巡回

事故の再発防止のため、その機器を持っている需要家への特別巡回も毎年繰り返し実施されました。特に、小型湯沸器については排気ガスのCOを測り、所定値を超えた機器にはオーバーホールのおすすめや安全型機器への取替をすすめたのです。その後、不完全燃焼防止機能付き機器が開発されたので、この種の事故は急激に減っていきました。

その他小型湯沸器、ストーブを使用する際の換気注意や、ガス漏れ時に警報を出すガス漏れ警報器の設置を要請するなど、異常時の対応方法を周知しました。行政指導として、定期的に行う法律上の安全周知調査とは別に、何回も特別な巡回も行われました。

■8　老朽化したガス機器所有の需要家に対する取替要請

安全周知の一環として、ガス機器の使い方を注意するとともに、老朽化した機器の掃除をしたり、オーバーホールするよう、使用者には、特別巡回などで繰り返し要請しました。特に、小型湯沸器の老朽化対策は重要でした。また、開発した安全装置付き機器への取替は積極的、継続的に要請がなされました。

②ガス警報器の開発・販売・普及拡大による事故防止効果

ガス漏れ警報器（以下ガス警報器と呼称）は、当初、液化石油ガス（以下ＬＰガスと呼称）のガス漏れ・爆発防止対策として開発されＬＰガス用警報器は昭和44（１９６９）年から販売され、都市ガス用警報器は昭和55（１９８０）年から、大手3社（東京ガス、大阪ガス、東邦ガス）が販売を開始し、その後、全国の都市ガス各社が採用し、販売をすることになりました。

この結果、旧型ガス栓、旧型ガス機器など、使用先の潜在的な事故予備軍の早期発見で事故予防対策に大いに貢献したのです。

その後、誤報対策の技術開発や新規需要のニーズに対する技術開発が進み、ＣＯ中毒のための検知器や火災防止用の複合型警報器なども開発され、利用されています。

■1　LPガス用警報器の開発経緯

昭和27（1952）年、日本で初めて石油産業からの副産物として、LPガスが製造され、簡易なボンベ容器による消費者への販売が開始されました。

当初は、LPガス用としてのガス機器、供給設備は現場対応という、間に合わせの状態でしたが、「ガスエネルギーは文化的な生活」ということで、各地で熱源として普及が進みました。

都市ガスのように導管が敷設されていない地域や、郊外・山間部などに簡易な戸別ボンベ供給が可能になり、並行して供給体制や供給設備なども整備され、急速に需要家数が増えたのです。

昭和30（1955）年末に需要家数は、40数万件でしたが、昭和63（1988）年には2350万件となり、当時の都市ガス需要家数に並ぶ状況になりました。ちなみに、平成30（2018）年末では、LPガス需要家数が、約2300万件、都市ガス需要家数が約3000万件というデータが出ています。

一方、需要家数の増加に伴い、需要家先での諸々の原因によるLPガス中毒やLPガス漏れによる爆発の事故が多発してきました。

LPガスは、都市ガスと異なり、空気より比重が重いため、何らかの原因でLPガスが漏れると、屋内の下の方にたまり、ガス爆発を起こしやすい特性があります。この爆発防止のための手段として、漏れたＬＰガスを早期に知らせて、事故を未然に防止するガス警報器の必要性が出てきたため、警報器メーカー各社ではその開発研究を進め、そのための販売強化を進めたのです。

昭和44（１９６９）年、家庭用ＬＰガス警報器が開発され、販売されるようになりました。

■2　行政側への働きかけとLPガス業界向け販売

昭和45（１９７０）年頃、ＬＰガスの需要家数は１５００万件に急成長していましたが、当時は、爆発事故や中毒事故が増加しており、このための対策としてＬＰガス用警報器の普及が望まれていました。

この事故の発生状況をみて、ＬＰガス販売事業者、ガス警報器メーカー等、業界の幹部が、行政側からの支援を依頼するため、当時の通産省に強く働きかけを行いました。

その結果として、昭和45（１９７０）年、「一般消費者用液化石油ガスもれ警報器検定制度」が公的機関により制定されることになり、ＬＰガス用警報器の販売促進が図られるようになりました。

当時、多発していたＬＰガスのガス漏れによる爆発対策としてＬＰガス用警報器の販売が促進され、設置数が増加し、事故防止に貢献しました。

それは、国や地方の行政側の支援や販売者の日本ＬＰガス連合会や諸関係団体・消費者団体などの協力の下で、本格的な販売・普及が図られたからです。

■3　都市ガス業界向け販売

大手都市ガス事業者では、ガス漏れを微量漏洩で探知できるポータブルガス探知器【図118ページ右】や、ガス漏れ警報器は、都市ガス事故防止上、有効と認識されていました。

そのため、当時の都市ガス業界では、13種類の都市ガスに対応することの必要性や誤報対策も含めた品質確保のため、「都市ガス警報器検定制度」をスタートさせました。

同時に、東京ガス・大阪ガス・東邦ガスの大手三社では、既存のガス設備・ガス機器からのガス漏れ対策の一環として、「都市ガス警報器」【図118ページ左】の販売・設置は有効と認識され、販売が開始されるようになりました。その後、全国の都市ガス事業者でも

■ポータブルガス探知器

提供:新コスモス電機株式会社

■都市ガス警報器

提供:新コスモス電機株式会社

販売され、今日に至っています。

都市ガス事業者各社では、事故が発生しやすい旧型カランや旧型機器が存在していたので、ガス漏れの情報を早期にとらえて、警報により知らせ、早期に発見される事例が数多くありました。

また、当時の東京ガス管内では、浴室内風呂釜や大型湯沸器の排気筒設備不備によるCOガス中毒事故が多発していたため、COも検知できる複合型警報器を販売してCO中毒事故防止を図りました。【図119ページ】
その後、さらにガス警報器の製品改良が進み、品質向上の進化は続いています。

■CO警報機能付ガス警報器

提供：新コスモス電機株式会社

■4　静岡駅前地下街爆発事故との関連

昭和55（1980）年8月、静岡駅前地下街のガス爆発が発生し、死者20名、負傷者192名の大事故が発生しました。

原因は、1次的には地下から発生したメタンガスの小爆発により都市ガス管が破壊され、その後漏洩した都市ガスに引火し、2次的な大爆発となり、大惨事を引き起したものです。

この事故をきっかけに、商業用や工業用を含め、大規模建物などに対する徹底的な再発防止策が講じられました。

このため、全国の地下街、地下室、超高層建物、大中規模建物、共同建物などに対する法的な保安規制が強化されました。

このうち、自治体が指定する特定地下街、特定地下室、超高層建物、特定大規模建物に関してはガス警報器の位置付けが明確化され、集中監視型ガス漏れ警報設備（単体でなく、ガス遮断弁を含むシステム）の義務付けが行われるようになりました。

③諸官庁・外部諸団体との協力

■1 日本住宅公団との連携によるガス機器開発・安全対策

昭和50年代の日本住宅公団（現UR機構）は、集合住宅技術の先端を歩んでいました。建物の中でガス機器をどのように置くかは、建築設計に取り込まれる事が望ましいので、建築設備の一部としてのガス機器の位置付けなど、技術開発の面で、日本ガス協会は日本住宅公団に日常的に協力してきました。

集合住宅の建築計画にガス機器を組み込むことは、給排気筒設備の改善とともに、新しい住空間に適したガス機器の開発にもつながり、将来に向けた住宅設備とガス機器の関係という面で効果がありました。開発した新製品は、民間の共同住宅や高層マンションなどで全国的に使われ、安全対策に効果を発揮したのです。

ちなみに以下のような例をあげることができます。

①既設排気筒型機器（CF型）の排気筒小口径対策
②バランス型風呂釜の共同開発と全面的な採用（給排気対策不要）
③パイプシャフトに収納できる、コンパクト型給湯付風呂釜の開発
④排気ダクト内設置小型湯沸器の開発

上記の①はすでに解決済であり、②は昭和40（1965）年～昭和60（1985）年で使命が終わり、③が現在の商品になっています。

2　関係する建設業界、消防庁、自治体などからの協力支援

ガス機器事故が多発したときには、通産省、消防庁、建設省などの関係官庁からの行政指導や周知などによる支援があり、日本ガス石油機器工業会、建設業界、住宅設備業界などからも、たくさんの支援とアドバイスがありました。

■3　マスコミ・消費者団体などの対応

テレビ、新聞等の報道機関は、当時の事故の多発を取り上げました。特に、読売新聞の一記者は、ガス機器や排気設備を持っている需要家に対して注意を喚起することが大切だと共鳴し、設備の良くない需要家数が全国で約50万件あると発表しました。そして「酸欠住宅対策」キャンペーンを展開して使用者に注意を喚起してくれたこともありました。

消費者団体からは、抜本的な安全対策をすべきであると、都市ガス事業者に対してたびたび要請がありました。

3　将来に向けたガス機器の安全化

現在の都市ガス事業者は、家庭用ガス機器全般について、すべてにフェイルセーフの設計思想を導入しています。

基本的には利用者が安全を守ることが前提ですが、使い方にミスがあっても、事故が起きないように安全装置を付けるなど、ガス事業者は一歩踏み込んだ対策を行ってきました。

これは、需要家に安全を周知するというソフト面だけでは事故がなくならないので、ガス機器のハード面の対応を大原則にしたのです。

このため、使用上のミスや老朽化による不完全燃焼などの不具合があっても、自動停止するような安全装置を標準仕様にしたのです。前述の通り、昭和初期から30年代までは、ガス機器は安くないと売れないという考え方が支配的だったので、安全装置はあまり付いていませんでした。しかし、ガス機器が普及して、事故が多くなり、安全装置が必要になってきました。そこで安全のためだけでなく、機器の使いやすさや便利さなどの付加価値をプラスして、総合的な商品価値をあげて普及させるという方法に切り替えたのです。

ガス機器はガス機器メーカーが主役ですが、事故多発時代には大手都市ガス事業者が安全な設計仕様を提案してきました。安全性や商品価値のコンセプトは都市ガス事業者が示しますが、その商品ができれば、都市ガス事業者がガス機器メーカーとともに販売をすすめ、普及を広げる仕組みを作ったのでした。都市ガス業界も、安全な機器の普及拡大を積極的に応援してきたのです。

なお、抜本的な「ハード対策」に伴うガス機器の安全化については、大部分、ガス事業法の改正により「ガス用品の技術基準」の規制対象に追加されております。

①ガス機器の安全性に関する基本仕様の考え方と具体的な安全装置

各ガス機器とも、「フェイルセーフ設計思想」による安全装置付きと同時に、操作性、利便性など付加し、商品価値をあげるよう配慮されています。

1　ガス機器の点火時の確認システム

初期点火時は着火か不着火の確認を必須とし、不着火の場合、停止し、音声またはランプで表示します。これは全機器共通となっています。点火の電源は、乾電池または交流電源です。

2　風呂釜・大型湯沸器などガス消費量の大きな機器は原則として、外気での給排気処理方式とし、屋外設置型とします。屋内に設置する機器の場合は、自然（給）排気方式、強制（給）排気方式となりますが、設置基準に基づき設置し、機器には不完全燃焼防止装置を装着することとします。

3　火災防止対策として、各機器共、その使用条件に基づき、所定温度以上になった場合、過熱防止装置で自動的にガスを遮断するシステムとなっています。

4　室内で使用するガス機器については、使用用途に応じた安全装置を装着しますが、特に、小型湯沸器、開放型ストーブには不完全燃焼防止装置は必須となっています。

5　各ガス機器とも、安全性と共に、操作性、適温管理など使用者が快適に使える利便性など環境面も整備されています。

②各種ガス機器の安全化の変遷の具体的な事例

■1　風呂釜と湯沸器の変遷

給湯型ガス機器の開発進化に伴い、安全化とともに使用目的・設置性や利便性など考慮した結果として、風呂釜機能と湯沸機能が一体化し、その後、全自動風呂釜となりました。

さらに、発展形として、温水暖房用の湯沸機能が追加されました。

左記に代表的な安全装置を記します。

▼風呂釜と湯沸器の安全装置

・機器は屋外設置
・自動点火安全装置
・給湯は湯沸器機能
・湯温度設定は風呂釜追い炊き機能で調整
・過熱防止機能
・空焚き防止機能（温水機器や風呂釜に水が無い場合、ガス停止と警報鳴動）

■2　小型湯沸器の変遷

昭和50年代後半から、安全装置が装着されてきました。特にCO中毒事故の原因となる不完全燃焼を防止する装置は重要な機能であり、効果は発揮されています。

▼小型湯沸器の安全装置

・自動点火安全装置

・不完全燃焼防止装置（略称不燃防）

・過熱防止装置（機器の温度が異常に高温になった場合、ガスを停止する）

・給湯温度調整機能付き

■3　暖房機器の変遷

室内で使用する個別開放型ストーブは、昭和50年代後半から不完全燃焼防止装置付きとなりました。現在はファンヒーターが主流です。

その後、室内の空気を使用しないセントラルヒーティング方式が開発され、温水暖房による床暖房等が普及しています。

さらに、暖冷房用エアコンとしてガスヒートポンプ（GHP）が開発されて、普及中です。

▼暖房機器の安全装置

・自動点火安全装置

・不完全燃焼防止装置（略称不燃防）

・自動温度調節機能付き
・点火、消火タイマー付き
・過熱防止機能付き

■4 厨房機器の変遷

昭和20年代～30年代前半の機器には安全装置が未装着でしたが、昭和30年代後半から、徐々に安全装置が装着されてきました。

▼厨房機器の安全装置
・点火安全装置（初期点火確認、立ち消え防止）
・過熱防止装置（温度ヒューズ）

③接続具対策

都市ガス事業の創業以来、ガス栓からガス機器まではずっと天然

■家庭用ガス機器の安全装置組み込みの実態

機器＼安全装置		不完全燃焼防止装置	立ち消え安全装置	過熱防止装置	空焚き防止装置	空焚き安全装置	過圧防止安全装置	凍結予防装置	転倒時ガス遮断装置	調理油過熱防止装置	消し忘れタイマー	自己診断装置
温水機器	大型瞬間湯沸器	○	◎	○	◎	○	○	◎				○
	小型先止式湯沸器	◎	◎	○		○	○	◎			○	
	小型元止式湯沸器	◎	◎	○		○		◎			○	
	風呂釜	○	◎	○	○	◎	○	◎				
暖房機器	ファンヒーター	◎	◎	○					○			
	FF暖房機		◎	○								
	赤外線ストーブ	◎	◎	○					○			
調理機器	コンビネーションレンジ		○	○								
	高速レンジ		○	○								
	炊飯器		○									
	コンロ		◎							◎	○	
衣類乾燥機		○	○	○								

【注】◎印はガス事業法で義務づけられたもの（ガス用品の技術上の基準等に関する省令）
○印は自主的に全機種または一部の機種に実施しているもの

出典：日本ガス協会

ゴムからできたゴム管が使われていました。ここはすべて使用者の責任で管理されている部分であり、ガス栓とゴム管、ゴム管と器具栓の接続部をしっかりつなぐことがポイントです。外れたり、器具を動かしたときに隙間ができたり、老朽化してひび割れができると、ガスもれの原因になります。また、自殺する人がゴム管をハサミで切ったりして、ＣＯ中毒や爆発が起きたりしました。

そこで、ゴム管の素材を研究し、老朽化しにくく、簡単には折れないように、ゴムの中に鋼線を入れました。ゴム管の両端は人が切ってつなぐのではなく、ゴム管の長さを決めてプラグを付け、カチッとはまるような迅速接手方式を開発しました。

ゴム管もＪＩＳ規格の仕様とし、都市ガス事業者以外の一般の金具店、日曜大工店などの市販ルートで販売できるようにしました。昭和54（１９７９）年には、ガスコンロ、開放型ストーブなど小型機器用の小口径のガスコードや、湯沸器、風呂釜などの大型機器用の強化ガスホースなどが販売されており、接続具のガスもれ事故は大幅に減っていったのです。

④ガス機器の品質向上策の実行

事故が多発した時代は、ガス機器の品質も良くありませんでした。このため、ガス機器販売者でもある東京ガスは、昭和50（1975）年に全国で初めて、ガス機器耐久試験センターを作りました。はじめは、東京ガスの社販ガス機器の品質向上を目的として、最低10年相当の作動を想定した自動繰り返しテストをしたのです。

ガス機器の品質の良否は試験センターですぐに判定され、その結果は機器メーカーに開示されました。ガス機器メーカーは不具合を改良し、市場に販売されているガス機器の品質はどんどん向上してゆきました。当時のガス機器は品質が安定せず、不備もあったため、試験センターのデータはガス機器メーカーにとっては品質向上につながる貴重な情報となりました。

試験センターのテストは、当初東京ガス販売のガス機器だけでしたが、後には全国で販売されている市販のガス機器全般についても対象としました。これにより、全国的にガス機器の品質が一段と向上したと言えます。その後、機器メーカーが独自に耐久試験所を作るようになりましたので、都市ガス事業者による製品テストの役割は終わっています。

⑤建設業界などへのガス機器設置に関する周知活動の展開

前述のように、ガス機器は建築物の設計時点から、ガス設備と一緒に考えられるべきものであるため、大手都市ガス事業者が日本ガス協会を通じて、建設業界の関係者と密接な関係を持ちながら、各種研究会等でガス機器と技術資料を周知してきました。

具体的には、ＢＬ規格への参入、諸雑誌などへの紹介記事や、資料の提供など、全面的な協力関係を築きました。その結果、厨房機器、風呂など大型の機器、温水による床暖房などのガス設備機器が建物にビルトインされるようになったのです。

第6章

全国的な天然ガス転換

あらまし

日本の都市ガス事業の原料は石炭・石油でしたが、戦後の都市ガス需要の高まりによって、よりカロリーが高くて大気汚染の少ない天然ガスにする機運が高まりました。東京ガスをはじめ各ガス事業者は次々にＬＮＧを輸入し、全国で天然ガス転換事業を進めました。この天然ガス転換にはいろいろなメリットがありましたが、生ガス中にＣＯを含まない天然ガスの供給により、都市ガスの保安レベルも格段に向上しました。

1 全国的な天然ガス転換の概要

明治の初期に始まった日本の都市ガス事業ですが、昭和20年代後半に石油が使われ始めるまで、約85年間、その原料は石炭でした。

都市ガス需要家数は、第２次世界大戦前には、約２００万件以上に達していましたが、第2次世界大戦により、都市ガスも壊滅的な影響を受け、一時は、戦前の約１／3程度まで、需要家数が激減しました。しかし、戦後の復興と、高度経済成長により、都市ガスの需要家数は、昭和30（１９５５）年には、約２５０万件と、戦前以上の状態になりました。その後も、年率10数％の勢いで需要家数が増加し、５年後の昭和35（１９６０）年には約４５０万件まで急増したのです。そのため、急増する需要家数に対して、都市ガスの製造設備、供給設備、を増強する必要に迫られました。

一方、その頃から、高度経済成長に伴う大気汚染問題も、世の中で大きく取り上げられ始めました。そういった状況に対応するため、昭和30年代に入り、都市ガスの原料に、よりカロリーが高くて大気汚染への影響が少ない、石油系が加わるようになりました。

さらに、昭和30年代後半に東京ガスでは、都市ガスの熱量を、これまでの3600kcal／m³から5000kcal／m³へカロリーアップを行う、熱量変更事業を実施し、増え続けるガスの需要に対応を行いました。

東京ガス等大手都市ガス事業者では、著しく増加する需要家対応、大気汚染対応の抜本策として、昭和30年代前半から、将来を見すえて、LNG（液化天然ガス）の導入の検討を進めていました。その結果、昭和44（1969）年に東京ガスが日本で最初にLNGを輸入し、都市ガス原料として使用を開始しました。

さらに東京ガスでは、昭和47（1972）年から、急増するガス販売量への、製造設備、供給設備の対応、大気汚染抜本対策として、5000kcal／m³から11000kcal／m³への天然ガス転換事業を始めたのです。

大都市圏の大阪ガス、東邦ガス、西部ガス等でも、東京ガスと同様の状況が起こっていたため、大阪ガスでは昭和50（1975）年から、東邦ガスでは昭和53（1978）年から、西部ガスでは平成元（1989）年から、天然ガス転換事業を開始しました。

なお、東京ガスの天然ガス転換事業は、開始から17年後の昭和63（1988）年に、約515万件の需要家に対しての転換を終え、事業を完了しています。

この様な状況を受け、平成2（1990）年、当時の通商産業省は、こういった大手都市ガス事業者の天然ガス転換事業の進展に伴って取り残されてしまった低カロリーガスを扱うガス事業者のために、「IGF（Integrated Gas Family）21計画」という計画を提案しました。

この提案は、全ての都市ガス事業者が、平成22（2010）年頃までに11000kcal／㎥程度の高カロリーガス（13A）への移行を完了するよう、業界を挙げて取り組むべきで有る、という内容です。

それを受け、日本ガス協会が中心となり、全国の都市ガス事業者、ガス機器メーカー等が「IGF21計画」を推進し、平成22（2010）年には、全ての都市ガス事業者が、高カロリーガス（13A）となりました。

天然ガス転換のメリット

この天然ガス転換には、さまざまなメリットが有りますが、「ガス機器の保安」という面から見たメリットは、主に2点あります。

1つは、都市ガスに含まれているCOはゼロのため、都市ガス漏洩によるCO中毒事故の発生、及び自殺行為による事故がゼロとなったことです。

もう1つは、これまで潜在的にあった、ガス機器・給排気設備の不備によるCO中毒事故の発生原因をクリアにすることができたということです。この事業を実施する際には、ガス事業者の作業員は、対象需要家の、ガス機器の状態を事前に調査し、天然ガス転換時には、全てのガス機器を天然ガス仕様に調整しなければなりませんでした。この一連の作業により、ガス機器の安全確認を実施することができたのです。

その結果、東京ガスの天然ガス転換が終了する、昭和62（1987）年頃からは、都市ガスCO中毒事故は、あまり発生しなくなりました。

また、大手都市ガス事業者の天然ガス転換事業がほぼ完了した、平成7（1995）年頃からは、ガス機器の不完全燃焼に伴う、排ガスCO中毒重大事故の年間発生件数は、年間5件以下となりました。さらには、全国の都市ガス事業者が参画して実施された「IGF21計画」が終了した平成22（2010）年以降は、都市ガスの排ガスCO中毒事故等による重大ガス事故の発生件数は、年間ほとんどゼロとなりました。

この様に、全国の都市ガス事業者全ての天然ガス転換による、ガス機器の保安への影響、そして効果には、絶大なものがありました。

2 大手都市ガス事業者の天然ガス転換

①東京ガスの天然ガス転換

■昭和30年代の東京ガスの状況

東京ガスの需要家数は、昭和13（1938）年に100万件に到達し、第2次世界大戦前は、106万件でした。大戦後の需要家数は、1／3の37万件に激減し、ガス製造工場、ガス供給導管網も壊滅的な状況になり、大きな被害を受けました。

東京ガス社員はもちろん、関係者の昼夜を問わない努力により、昭和30（1955）年には、ようやく、戦前とほぼ同じ、約100万件までに復旧しました。その後、高度経済成長の波に乗り、需要家数は、毎年十数%、十数万件ずつ増えていき、昭和36(1961)年には、戦前のほぼ2倍の、約200万件となり、さらに加速が進みました。

前述したように、東京ガスでは、急増する需要家数に対応するため、都市ガス製造量の倍増、都市ガスを供給する導管網を増やすことが大きな課題でした。その対策として、都市ガスの原料に、石炭だけでなく、石油系も使うようになりました。さらに、都市ガスの供給を実質的に増やすために、昭和37(1962)年に、3600kcal/m³から5000kcal/m³への熱量変更を実施しました。

それでも需要家数は増えていきました。昭和41(1966)年には300万件を突破し、さらに増え続けていったのです。

この頃日本は高度経済成長期であり、大気汚染問題が、クローズアップされてきた時期でもありました。東京ガスは、この都市ガス需要家数増加対応と、大気汚染対策に大きくメリットのある、LNGガス(液化天然ガス)を輸入することを決断しました。

LNGガスは、気体の天然ガスを現地で液化して、外国から船で輸入します。日本に到着後に再気化し、都市ガスとして使用します。気化した天然ガスは、メタン(CH_4)が主成分で、今までの石炭ガス、石油系ガスと較べて、熱量が10000kcal／㎥程度と高い上に、大気汚染物質が相対的に低く、都市ガス原料としてはベストのものでした。

■天然ガス転換の実施

昭和30年代の前半から、東京ガスでは安西浩副社長を中心に、LNG（液化天然ガス）の導入を検討し始めました。その後、幾多の困難を乗り越え、昭和42（1967）年にLNGの導入契約が締結されました。そして昭和44（1969）年に、アメリカのアラスカから、日本で最初のLNGが、専用船で東京ガス根岸工場に輸入されたのです。【図138ページ】

天然ガス転換のため、東京ガスでは全社をあげて、袖ケ浦新工場の建設、天然ガス環状幹線の敷設、全ての需要家のガス機器を天然ガス仕様にする、といったことを進めました。昭和48（1973）年には袖ケ浦新工場が、昭和51（1976）年には、天然ガス環状幹線が完

■LNGを積んだ船が日本に初接岸

提供：東京ガス広報部

成し、稼働し始めたのです。

昭和47（１９７２）年に始められた、天然ガス転換器具調整業務、いわゆる天然ガス熱量変更業務は、その後、17年かかって、昭和63（１９８８）年に、約５１５万件の需要家全てのガス機器の調整を行って終了しました。

■具体的な天然ガス転換業務の内容

天然ガス転換を各需要家先で行うためには、５０００ｋｃａｌ／m^3用になっている各需要家のガス機器を、１１０００ｋｃａｌ／m^3の天然ガス用に変えなければなりませんでした。

東京ガスでは、転換作業の2年位前から、家庭用、業務用、工業用、の各機種、約数千種類のガス機器の調整法を、総合研究所で燃焼試験をして決定しました【図１３９ページ上】。その後、各機種別に調整手順を決め、それらを全て収めた調整マニュアルを作りました【図１３９ペ

■総合研究所で行われた燃焼テスト

■機器の調査・調整マニュアル

提供:東京ガス広報部

ージ下】。

それに合わせて、各機器の調整用の部品も各機器メーカーに発注しました。さらに並行して、実際に各家庭で機器を調整する、作業者の教育訓練を、作業マニュアルを作ってトレーニングセンターで実施したのです。【図140ページ右】

この様に、天然ガスへの転換を始めるには、まず機器調整の準備に、膨大な時間がかかったのです。

各需要家先の全てのガス機器を天然ガス用に転換するための作業は、以下のような流れで行いました。

1　天然ガス転換作業の約1年前に、天然ガス転換をする地域を決めます。1か所の天然ガス転換作業は、1サイクルにつき2~3日を要するので、場所と期間について、1サイクルごとに年間計画を立てます。【図140ページ左】

2　転換作業日の数か月前までに、対象家庭のガス機器のすべての状況を調査マニュアルを使

■年間計画を検討中

提供：東京ガス広報部

■作業者の教育訓練風景

提供：東京ガス広報部

用して調査します。それを基に調整部品を発注します。その部品は転換作業の数日前までに、各家庭に事前配送されます。

3　転換当日の機器調整には、専門の機器調整作業者が対象となる需要家を訪問し、全てのガス機器を調整して、安全に天然ガスが使えるよう点検します。

熱量変更作業の当日には、対象需要家の全てのガス機器を天然ガスで使えるように調整を行い、最後に天然ガスによる燃焼テスト等を行い、安全点検を実施してから天然ガスに変更を行います。

ですから、天然ガスへの転換が終わった需要家のガス機器は、完全に正常になっているというわけです。「ガス機器の保安」という面からみると、天然ガス転換のための熱量変更作業は、各家庭のガス機器の保安のチェックと正常化を確認することと同じことになるのです。

②東京ガス以外の大手都市ガス事業者の天然ガス転換

東京ガス以外の大手都市ガス事業者も、置かれた状況は東京ガスと同じだったので、東京ガスに引き続き、各社天然ガス転換を始めました。大阪ガスでは、昭和50（1975）年に天然ガス転換を始め、平成2（1990）年に終わりました。

東邦ガスでは、昭和53（1978）年に天然ガス転換を開始し、平成5（1993）年に終えています。西部ガスは、平成元（1989）年に始めて、平成17（2005）年に終わっています。

3　天然ガス転換の必要性

①原料調達と公害対策としてのLNG導入

都市ガス事業者の使命は、全ての需要家に対して、24時間365日都市ガスを供給し続ける事です。それにはまず、都市ガスの原料を長期にわたって十分確保し、それを製造工場で都市ガスにして、ガス導管で全需要家に配らなければなりません。

戦後の復興から高度成長期へと変遷が始まる、昭和30年代に入って、都市ガス需要家数は、毎年十数%、約40万件増えていました。特に東京などの大都市圏では需要の伸びが目立ち、都市ガス原料の確保は、もっとも大きな課題になっていました。

そんな時、アメリカのＬＮＧ輸出を取り扱っている幾つかの会社から、東京ガスに対して、ＬＮＧを輸入して使わないか、との打診がありました。東京ガスでは、これを契機として、ＬＮＧの導入について、検討を始めたのです。

もともと都市ガスの原料は、長い間石炭でした。しかし、戦後石炭採掘労働者のストライキなど、いろいろな問題が起きるなどして、都市ガス原料を大量に確保するために、当時は比較的安かった石油系も、都市ガス原料として使うようになりました。

昭和30年代は、人々が集中した大都市圏、その近くの工業地帯では、石炭、石油の燃焼、車の排気ガス、等の窒素酸化物、硫黄酸化物などによる大気汚染が、大きな社会問題となってきていました。

一方、ＬＮＧは、その様な公害物質はほとんど含まない、クリーンな原料でした。

この様な背景で、価格は、石炭や石油より高いが、長期的な供給が確保されること、クリーンであることなどにより、東京ガス等の大手都市ガス事業者は、ＬＮＧの導入を決めたのです。

②全国13種類のガス種の統合化

大手都市ガス事業者の天然ガス転換事業は、東京ガスが昭和47（1972）年、大阪ガスが昭和50（1975）年、東邦ガスが昭和53（1978）年と、各事業者で開始され、これらの事業者が使用するガス種は13Aという種類に統一されていきました。

しかし、当時全国で250社以上あった都市ガス事業者が使用する都市ガスの原料は、天然ガス、石油（オイル）ガス、ナフサガス、オフガス、石炭ガス、LPGなどで、認可されていたガス種は、13種類もあったのです。

ガス種とは、熱量と燃焼速度で区別された

■都市ガスの種類

ガスグループ		標準熱量　MJ/㎥（kcal/㎥）
高カロリーガス	13A	42～63 （10,000―15,000）
	12A	38～46 （9,000―11,000）
低カロリーガス	L1 （7C. 6C. 6B.）	19～21 （4,500―5,000）
	6A	24～29 （5,800―7,000）
	5C	19～21 （4,500―5,000）
	L2 （5B. 5A. 5AN.）	19～21 （4,500―5,000）
	L3 （4C. 4B. 4A.）	15～19 （3,600―4,500）

都市ガスの種類のことで、13A、12A、7C、6A、6B、6C、5A、5B、5C、4AN、4A、4B、4Cの13種類が過去にはありました。ガス種がこれだけ多いと、最も大変なのは、ガス機器メーカーです。

ガスコンロ一つを作るにしても、ガスの種別に合わせて13種類の製品を作らなくてはならず、13A以外のガス種の機器は、多品種少量生産だったのです。一方、使用者も、全国に約250以上の都市ガス事業者があるので、転勤等で住まいを変えると、ガス機器の調整や買い替えが必要となり、非常に不便でした。

その様な状況でしたので、全国の都市ガス事業者が、一種類の13Aガスへ統一されることは、ガス機器メーカーの生産効率の面からも、使用者からも大きなメリットが期待できました。

③導管輸送量の拡大・効率化

都市ガス原料の確保だけではなく、工場から需要家に届ける都市ガスのガス導管の輸送量を増やすことは、絶対に避けられないものでした。よく、停電はあるが、「停ガス」はないと言われます。需要家が増えて、今までのガス導管では必要な量のガスが届けられなくなると、使用中のガス機器の炎が消えてしまいます。その使用者が、それに気が付かないと、ガスが通ったときに、炎が消えたまま都市ガスが出しっぱなしになります。これは重大事故になるので、絶対に「停ガス」は起こしてはいけないのです。

ガス導管は、地中に埋められているので、導管輸送量を増やすためには、その都度道路を掘り起こし、大口径の導管に切り替えなければいけません。戦後復興と、高度成長時代の大都市圏では、道路の舗装がどんどん進み、一度舗装すると、ガス導管の取り換えのために道路を掘削すると、いろいろな障害が発生します。

しかし、同じ口径の導管内に熱量の高いガスを流せば、供給量が増えたと同じことになります。

低カロリーガスから高カロリーガスへの天然ガス転換は、需要家数が増えても、いままでの導管をそのまま使えるという、大きなメリットがありました。【図１４６ページ】

昭和30年代の大都市圏では、人口が増えたので、郊外に団地群、住宅群が林立するようになりました。大手都市ガス事業者では、港湾に作られたＬＮＧの受入れ工場から、郊外の住宅地に都市ガスを効率よく供給するために、郊外をつなぐ高圧・中圧の輸送導管のネットワ

■新聞広告などによる熱量変更のPR

提供：東京ガス広報部

ークの環状パイプラインを作りました。東京ガスの場合、東京〜千葉間を結ぶ東京湾の海底幹線を日本で初めて施工しました。この導管網の整備によって、郊外にも都心にも、都市ガスを効率よく供給できるようになったのです。

全国の都市ガス事業者の天然ガス転換によるメリットは、中小都市ガス事業者についても言えます。大手都市ガス事業者が、港湾にLNG受入れ工場を造り、LNGから作った天然ガス供給のための幹線パイプラインを敷設すると、その幹線に近い中小都市ガス事業者は、その天然ガスを使うことができるので天然ガス転換もしやすくなります。そのため中小都市ガス事業者の原料、導管などの問題点も、一気に解決されるというメリットがあったのです。

4 天然ガス転換に伴う旧型ガス機器の保安向上

ガス事故件数の減少も

天然ガス転換の目的は、急増する都市ガス需要への供給設備の対応と、原料の確保、大気汚染対策などが、主なものでした。しかし、天然ガス転換による、ガス事故防止効果も、大きなものがありました。前述のとおり、その理由は主に2つあります。

1つ目は、都市ガスは、その中にCOを含まないので、都市ガスのもれによる生ガスCO中毒事故がなくなることです。

2つ目は、天然ガス転換のために、事前に家庭内ガス機器の設置状況などを全て調査し、作業当日には、全てのガス機器を天然ガスで使えるように調整するとともに、給排気設備も点検して、ガス機器が完全燃焼し、絶対にCOを出さないようにして作業を終えるからです。

以下に、その状況について、検証してみます。

まず、1つ目の、都市ガス中のCOによる中毒事故による死亡者数についてですが、昭和50年代前半までは、毎年20~30名でしたが、大手都市ガス事業者の天然ガス転換が進んだ、昭和50年代後半には、その死亡者数は1桁となり、大手都市ガス事業者の天然ガス転換がほぼ終了した、平成時代に入ってからはほぼゼロとなりました。

2つ目の、ガス機器、給排気設備の点検整備による、ガス不完全燃焼CO中毒事故による死亡者数は、複合的な減少要因も関係していますが、定性的に見ますと、大手都市ガス事業者の天然ガス転換がほぼ終わった平成7(1995)年以降は、ほぼ1桁台に減ってきています。ガス事故による死亡者数の減少の一因として、この天然ガス転換作業も寄与していることが推測されます。

5 全国的な天然ガス転換計画（IGF21計画）

①IGF21計画とは

東京ガスに続き、大阪ガスの天然ガス転換が終わった、平成2（1990）年に、当時の通商産業省は、都市ガス需要家、ガス機器メーカー、都市ガス事業者の立場から、低カロリーガスグループの将来動向を見すえて、ガスグループの高カロリーへの統一が必要であると考えていました。

その具体策として、通商産業省は「Integrated Gas Family 21計画について ―ガスグループの有り方についての課題と検討の方向―」を提案しました。

この背景には、大手都市ガス事業者の高カロリーガス化により、低カロリーガスの需要家数の割合が少なくなると予想され、低カロリーガスグループのガス機器の開発、製造、流通、アーフタケアなどが悪くなることが考えられたからです。結果として、低カロリーガス用の機器の価格も割高になってくると考えられたので、低カロリーガスグループと、高カロリーグループの間に、地域格差ができて、不公平感が高くなるのではないかと国は考えたのです。

この、ＩＧＦ21計画の提案を受け、都市ガス事業者は、日本ガス協会に「ＩＧＦ21計画研究会」を作りました。そこで、平成３（１９９１）年には、「需要家の立場に立った、都市ガス業界の健全な発展」のために、高カロリーガスに統一する、ＩＧＦ21計画を業界の目標にしたのです。ＣＯを含まない都市ガスの高カロリー化については、平成６（１９９４）年、通産大臣の諮問機関である、総合エネルギー調査会都市熱エネルギー部会が、都市ガスの安全高度化の面から次の提言をしています。

提言は、「高カロリーガス種への集約化の推進については、熱量変更作業の人員面、費用面での困難を伴うが、全ての一般ガス事業者が平成22（２０１０）年頃までに高カロリーガス種への移行を完了するよう、今後、業界を挙げて取り組むべきで有る」という趣旨になっています。

この様に、低カロリーガスの需要家数の割合が減る問題を解決するために考えられたのが、

ＩＧＦ21計画でした。環境にやさしくＣＯがないという天然ガスは、地球温暖化防止対策や安全性の向上といった面からも、必要性が高まっていました。

②ＩＧＦ21計画の具体的な実施

平成６（１９９４）年の低カロリーガスグループは、都市ガス全需要家数約２３００万件の約22％の約５１０万件が、11グループの低カロリーガス種に分かれていました。そこで、ＩＧＦ21計画の第１ステップとして、11グループのガス種を、平成６（１９９４）年度末に５グループにまとめました。

第２ステップとして、平成22（２０１０）年頃までに、この低カロリーガス５グループの全ての需要家を高カロリーガス化する計画を立てたのです。ここでの低カロリーガスから高カロリーガスへの熱量変更作業の最大の課題は、「熱量変更作業要員の確保」でした。

熱量変更作業は、需要家を数百件単位でブロック化し、そのブロックごとに、２～３日間かけて、全てのガス機器を調整し、ガスを切り替え、安全を確認します。そのため約２００人～３００人程度の調整作業者が必要となります。中小の都市ガス事業者が、一時的に多くの作業者を用意することは、大変難しいので、「熱量変更共同化」をすることになりました。

これは、熱量変更する事業者が、共同で作業者を出し合う方式です。例えば、20の事業者が10名ずつ出し合えば、200名になります。作業が終わって解散しても、出した人が帰ってくるだけで、大きな人員増とならないわけです。

この熱量変更共同化方式を、全国10地区で実施することにより、スムーズな熱量変更作業ができ、予定通り、平成22（2010）年に、IGF21計画は、完了したのです。

6 天然ガス転換による新規ガス機器の品質向上

昭和47（1972）年から東京ガスが始めた天然ガス転換事業は、大阪ガス、東邦ガスと続いて、平成5（1993）年には、これらの大手都市ガス事業者の天然ガス転換事業は、全て終わりました。

その後、前述のIGF21計画が実施され、平成22（2010）年に「IGF21計画」も終了しました。これで、初めて日本中の都市ガス事業者のガスが、天然ガス13A（一部LPG

エアー13A）に統一されたのです。

これまで、特に昭和30年代からの高度成長時代に、急増する都市ガス需要に対して、ガス機器メーカーは、13種類のガス種に合ったガス機器を出さなければならなかったので、仕様を一つ一つ決めて作っていました。つまり、各ガス機器メーカーは、1つの型式のガス機器に対して、13種類のガス種に対応できる機器の、いわゆる少量多品種生産を余儀なくされていたのです。

全国の都市ガス事業者のガス種が13Aに統一されたことで、ガス機器メーカーは、型式別に、一種類の仕様で全国の都市ガス使用者向けに生産をすればよい、ということになりました。

その結果、ガス機器メーカーは、チャレンジングな、新しい機能デザイン、フェイルセーフな安全機能などを持った新製品を、開発できるようになりました。全国的な天然ガス転換は、近代的なガス機器、システムの登場につながり、今後のさらなる発展にも寄与する、極めて大きなプロジェクトであったと言えるのです。

第7章

安全化策を講じたガス機器の近代化の実現

あらまし

ガス機器に必要な要素は、大きく分けて4つあります。それは、①機能性、②利便性、③経済性、④安全性、の4つです。④の安全性は、特に意識しなくても、普通に使っていれば、絶対に中毒事故等のガス事故は起きないといったことです。本章では、まず上記④の安全性についてポイントを絞り、機種別に詳説していきます。併せて①②についても、述べていきます。最後には、①~④の全てをクリアーした最新のガス機器システムについても紹介します。

1 機種別安全機器の近代化の歴史

この章では、ガス機器の機種別に安全機器の近代化の歴史を見ていきます。機器の進化は、業界関係者が一体となって、安全に取り組んできた努力の結果だといえます。

① ガス風呂釜

絶対的な住宅不足の時代、昭和31(1956)年に日本住宅公団が、2万戸といわれた、膨大な鉄筋コンクリート造りの集合住宅を建設し始めました。手狭な各住宅に、浴室とダイニング・キッチン（ＤＫ）という新しい様式を取り入れたモダンな住宅に、昭和31（１９５６）年から入居が始まりました。

日本住宅公団のガス風呂は、浴室内に内釜式木製浴槽を置き、煙突によって排気ガスを外に出す（ＣＦ式）、各戸煙突方式を採用していました。【図157ページ】

集合住宅は気密性が高いため、今までと違って、換気には十分な注意が必要です。さらに、浴室内でお風呂を沸かす内釜式は、短時間にガスをたくさん燃やすので、新鮮な空気もたくさん必要でした。そのため、換気設計が悪いと、ガスＣＯ中毒事故の危険性がありました。

その後、同じような気密性の高い集合住宅が増えるにつれて、不完全な換気が原因のガスＣＯ中毒事故が多くなり、ガス事故がマスコミ等でも取り上げられて、大きな社会問題とな

■煙突方式のガス風呂

提供：東京ガス ガスミュージアム

り対策が急がれました。

日本住宅公団は、昭和39年（1964年）に、大手都市ガス事業者はもちろん、都市ガス事業者の集まりである、日本ガス協会に対策を依頼しました。日本ガス協会では、外の空気を直接風呂釜に取り込んで、排気ガスも直接外に出す、バランス型給排気（BF）式風呂釜の開発を始めたのです。

昭和40（1965）年にBF型風呂釜が量産化されると、日本住宅公団は、その採用を正式決定しました。【図158ページ・159ページ右】

さらに、全国の日本住宅公団のガス風呂釜は給排気設備の規格がバラバラだったので、この時期に設計合理化にも努め、ガス

■BF型風呂釜構造図

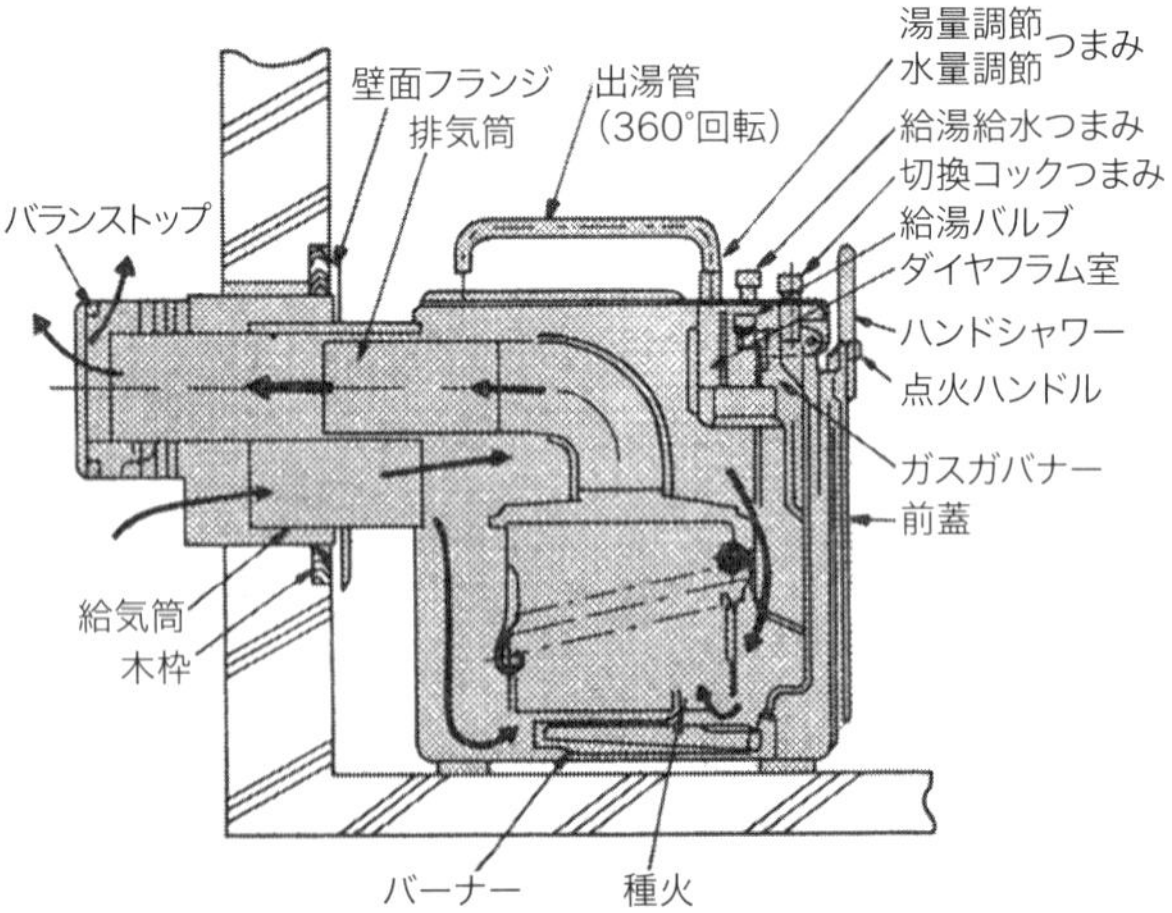

提供：東京ガス ガスミュージアム（ガスター製）

風呂釜規格を統一して、安全なガス風呂釜の普及拡大に貢献しました。

ＢＦ型ガス風呂釜は、公団住宅、新築マンションなどには、多く普及しましたが、壁に穴を開けなければならなかったので、既設住宅、戸建新築住宅の内風呂に、ＢＦ型ガス風呂釜を付けるのは、住んでいる人たちがなかなか踏み切れず、そういった住宅には、ＢＦ型ガス風呂釜はあまり普及しませんでした。そのため、ガス風呂釜全体で見ると、給排気の不具合によるガスＣＯ中毒事故はなかなか減りませんでした。

昭和51（１９７６）年には、究極の給排気安全機器である、屋外設置式（ＲＦ型）ガス風呂釜が開発され、戸建て住宅にも多く設

■屋外設置式ガス風呂釜

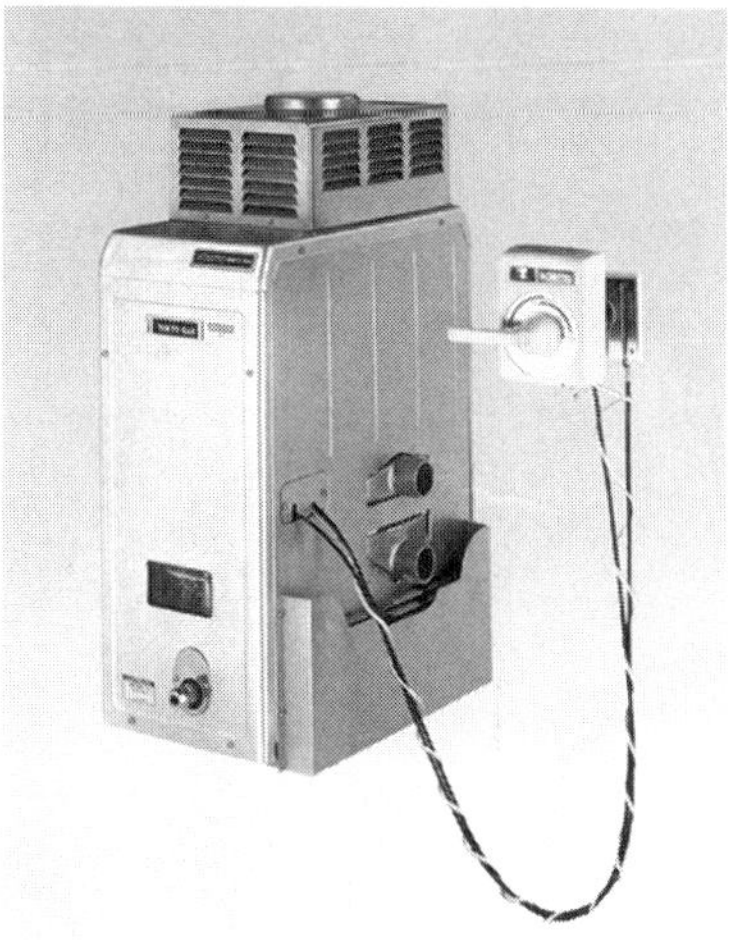

提供:東京ガス ガスミュージアム(ノーリツ製)

■BF型風呂釜

提供:東京ガス ガスミュージアム(ガスター製)

置されるようになりました。それで、ガス風呂釜の給排気不良によるガスＣＯ中毒事故の心配は、ほとんどなくなりました。【図159ページ左】

②ガス湯沸器

ガス湯沸器は、昭和30年代前半までは、相変わらず庶民の手の届かない高額商品でした。当時の大学卒の新入社員の初任給は、1万数千円でしたが、小型ガス湯沸器は、ほとんどが1万円を超え、普及率は低い商品でした。

昭和31（1956）年から、日本住宅公団のアパートには、ステンレス製の流し台と、浴室が、標準装備されていき、ガス湯沸器も、昭和35（1960）年から、本格的に普及拡大していきました。昭和36（1961）年頃、ガス湯沸器の生産は、年間約20万台でしたが、昭和39（1964）年には、その3倍以上の約70万台と、急速に増えていきました。

こういったガス湯沸器の普及拡大に伴い、気密性の高い構造の住宅での換気不良によるガスＣＯ中毒事故が増加するようになりました。

これらのガスＣＯ中毒事故多発の状況を受け、昭和40年代に入ると、機器メーカー、大手都市ガス事業者、日本ガス協会、監督官庁等は対策に乗り出しました。特に機器メーカーは、激増するガス給排気の不備によるガスCO中毒事故防止のために、事故を起こさない新しい商品の開発・普及に取り組みました。

ガス機器の内部の制御や操作に、本格的に電気を使うことにより、安全性や機能性、利便性が、格段に向上し、今まではなかったジャンルの機器も開発されていきました。

大型湯沸器は、昭和37（1962）年に、国産初のBF（バランスド・フルー）型大型ガス湯沸器【図161ページ右・左】が発表されました。この機器は、部屋の空気を汚さずしかも排気筒を立てる必要がない安全な湯沸器として注目を集めました。

安全なことで当時注目を集めたこのBF型湯沸器ですが、排気筒を立てる必要はなかったとはいえ、屋外には大きな給排気トップを必要とするなど、設置面での若干の課題を残していました、そのため、雪の多い地域や、煙突の立ち上がりをとれない所で使用するた

■BF型大型ガス湯沸器

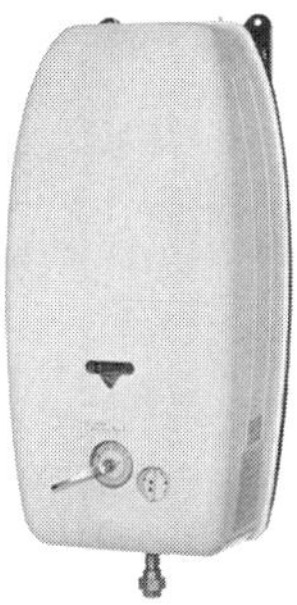

提供：東京ガス ガスミュージアム（エバホット製）

■BF式大型ガス湯沸器構造図

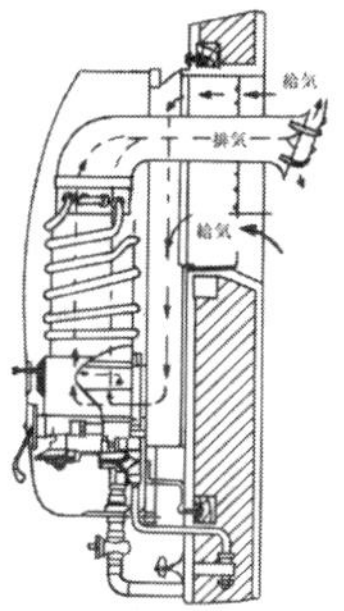

提供：東京ガス ガスミュージアム（エバホット製）

めに、電気式ファンモーターを使った、新しい機械排気システムの開発が始まりました。

昭和47（1972）年に、器具の上部に排気ファンを載せた強制排気（FE〈フォースト・エグゾースト〉）タイプが発売され、北海道地区を中心に普及し、壁貫通部の開口部面積を小さく抑えることが可能になりました。【図162ページ右】

■強制排気型湯沸器

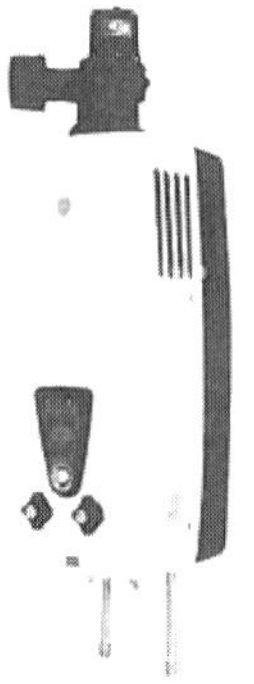

提供:株式会社ハーマン

昭和51（1976）年には、ガス暖房機器では既に商品化されていた強制給排気（FF〈フォースト・フルー〉）タイプが、ガス湯沸器にも登場しました。さらに、昭和53（1978）年には、雨水対策を完備した、業界初の屋外式ガス湯沸器が発売されました。

昭和54（1979）年には、今日のガス湯沸器の湯温コントロールのベースとなる、ガス比例制御機能を備えた、屋外設置型の機器が発表されました。このシステムは、当時のガス機器開発技術者の間では理想とされていたもので、業界に大きな反響を呼び起こしました。【図162ページ左】

■比例制御屋外設置型湯沸器

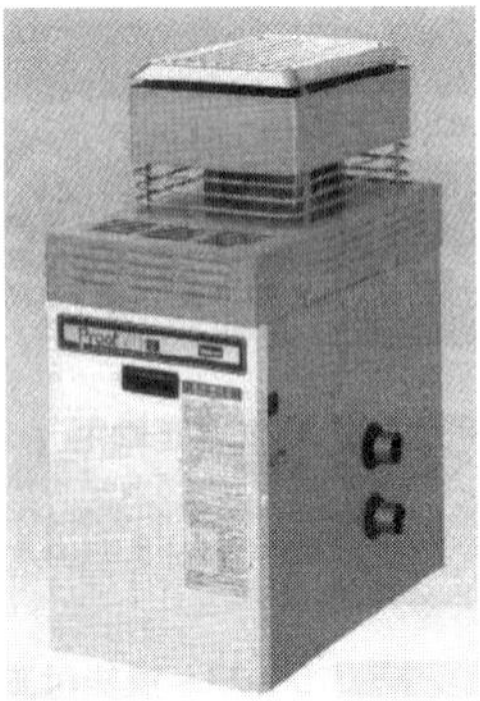

提供:パナソニック株式会社

昭和55（1980）年には、強制給気方式による省スペース型13号瞬間湯沸器が発表されました。【図163ページ右】

この機器は、デッドスペースとされていた集合住宅のパイプシャフトにも設置できるようコンパクトに設計されており、ガスの配管や元栓のある所にガス燃焼機器を設置するという、思い切った発想から成り立っていました。なお今日の集合住宅では、外置ガス機器は、パイプシャフト設置が主流となっています。

昭和60（1985）年には、業界初の全自動ガスふろ湯沸器が登場しました。これにより、ワンタッチで、希望の時間に、希望の湯温・湯量などで、お風呂が沸かせるようになりました。又、追焚き等、全ての必要な機能が自動で行われるようになり、ガスふろ湯沸器の完成形が出来上がりました。

一方、小型湯沸器は、昭和30年代までは、現在の

■屋外設置型コンパクトガス給湯器

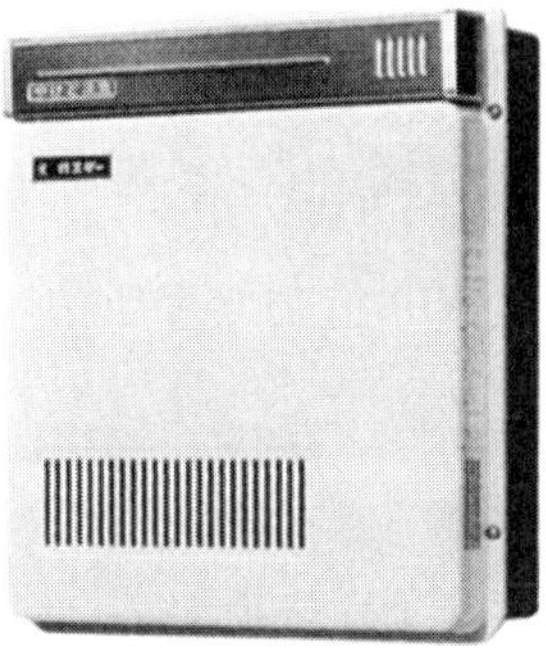

提供：株式会社ガスター

■空焚防止装置付小型湯沸器

提供：東京ガス ガスミュージアム（エンゼル瓦斯器具製）

四角い形をしたものとは形状が異なる、空焚き防止装置のついた、円筒型の形をした湯沸器【図163ページ左】が、全国各地で使われていました。

昭和40（1965）年に、初めて圧電式自動点火装置を備えた小型4号ガス湯沸器【図164ページ右】が、発売されました。湯沸器のパイロットつまみと圧電自動点火装置が連動しており、操作に間違いがなく、点火しやすい構造になったのです。

これにより、給排気筒を必要としない小型ガス湯沸器の普及拡大が進み、それにともなって換気不良によるガスCO中毒事故が急速に多発するようになりました。

昭和58（1983）年になり、ようやく不完全燃焼防止装置が搭載された、最初の小型ガス瞬間湯沸器【図164ページ左】が登場しました。この機器には、押しボタン式の点火装置や、レバー式のワンタッチ給湯、シャワーノズルの標準搭載など、様々な機能

■圧電式自動点火装置付小型ガス湯沸器

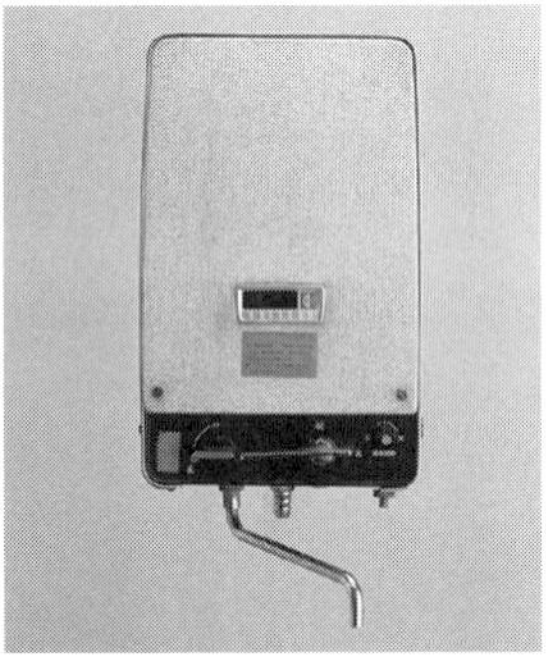

提供：東京ガス ガスミュージアム（ガスター製）

■不完全燃焼防止装置付小型ガス湯沸器

提供：東京ガス ガスミュージアム（リンナイ製）

が採用されていました。この不完全燃焼防止装置付き小型湯沸器の普及につれ、小型湯沸器によるCO中毒事故は、減少していきました。

③ガス暖房機器（ガスストーブ）

昭和32（1957）年に、ドイツ人のシュバンクが開発したセラミックバーナーを使用したストーブ、シュバンク式ガス赤外線ストーブの第1号が生まれました。このストーブは、天井吊り下げ型【図165ページ右】など、多彩な使い方ができ、今までの常識を覆す商品でした。

はじめは駅や工場などの暖房に使われていましたが、昭和34（1959）年には、家庭でもつかえるセラミックプレートを使用したシュバンク式ガス赤外線ストーブが商品化されました。【図165ページ左】

シュバンク式ガス赤外線ストーブが発売された当初、

■天井吊下げ型シュバンク式ガス赤外線ストーブ

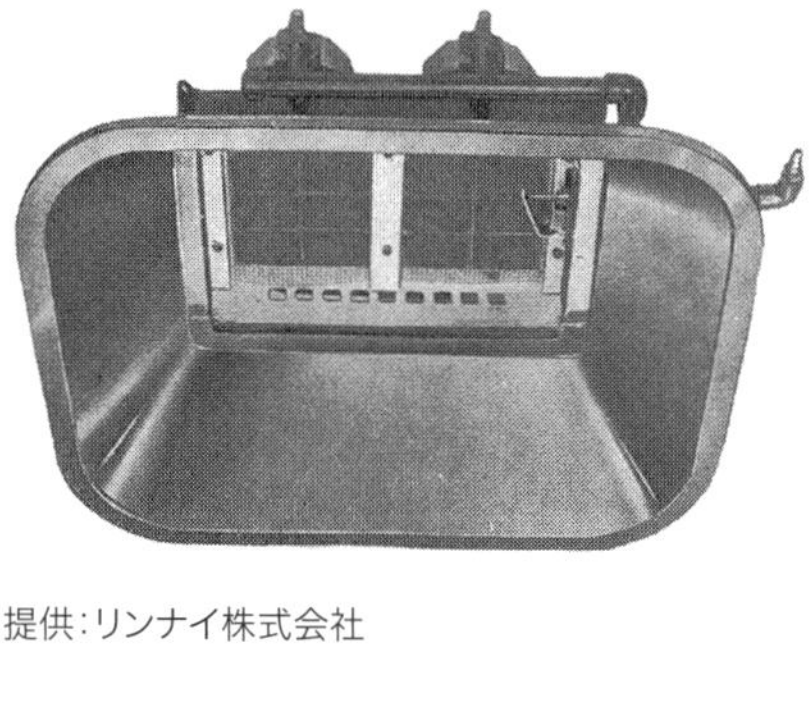

提供：リンナイ株式会社

■家庭用シュバンク式ガス赤外線ストーブ

提供：リンナイ株式会社

機器メーカーは、セラミックプレートを輸入して、シュバンク式ガス赤外線ストーブを国内生産していました。そのため生産台数が限られていたのですが、次第にセラミックプレートそのものも国産できるようになったので生産台数を増やすことができるようになり、シュバンク式セラミックガス赤外線ストーブが家庭にまで広がったのです。

昭和44（１９６９）年には、ＦＦ型温風暖房機が誕生しました。これは、ガス機器として、初めて本格的に電気を使った高性能機器で、三菱電機から発売され、大きな反響を呼びました。【図１６６ページ】

それ以降、給排気はもちろん、燃焼等の機能にも、メーカーが積極的に電気を使った機能を取り入れ始め、ガス機器は新しい段階に入っていきました。ＦＦ型温風暖房機は、当初は、家庭用の小型タイプとして、市場に普及していましたが、後に公共の建物や、集合住宅、寒冷地で主に使われていきました。

■日本初のガスFF暖房機

提供：三菱電機株式会社

昭和53（1978）年には、開放型小型ストーブの石油ファンヒーターが市場に出回り始め、昭和55（1980）年ごろには100万台程度が売れていました。これを見て、石油より取り扱いやすい都市ガスを燃料としたガスファンヒーター【図167ページ】が、昭和55（1980）年に商品化されました。

ガスファンヒーターは、ガスを燃やすことで発生した熱を、内蔵ファンで室内に吹き出して暖めます。室内の空気でガスを燃やしてそのまま利用するため、最初から不完全燃焼防止装置をはじめとする、いろいろな安全装置が付いていました。

ガスファンヒーターは、石油ファンヒーターに比べてにおいが少なく、燃料補給の手間が無いうえにすぐに温風が出るといった点で好評で、普及も促進され、ガス個別暖房機器の中では、ガスファンヒーターが製品の中心になっていきました。その後、ガスファンヒーターは、比例制御による温度調整、空気清浄等の諸機能を追加し、更なる進化を続けています。いわゆるガスストーブには、ガスファンヒーター、ガス赤外線ストーブ、ガスFF暖房機、と3種類ありますが、現在の主流はガスファンヒーターです。

■ガスファンヒーター

提供：東京ガス ガスミュージアム
（パナソニック製）

ガスファンヒーターの特徴は電源を入れるとすぐ暖風が出ること、石油ファンヒーターと違って燃料補給の手間が無いこと、そして7つの安全機能を搭載していることです。

7つの安全機能としては、

①立ち消え安全装置
②不完全燃焼防止装置
③停電時安全装置
④転倒時ガス遮断装置
⑤過電流防止装置
⑥過熱防止装置
⑦自動消火機能、

が付いています。

この7つの安全機能は、日本で販売されている全機種に標準搭載されています。

④ガス機器による風呂・給湯・暖房トータルシステム誕生の経緯

昭和30年代までは、風呂、給湯、暖房は、それぞれ別々のガス機器を使っていました。

戦後、駐留軍でよく使われていた大型湯沸器を使って、そのお湯を風呂として活用していた例はありました。

日本固有の風呂釜と欧米から来た湯沸器を、ガス機器として初めて一体化させたのは、日本住宅公団と日本ガス協会が共同開発したＢＦ型風呂釜からになります。

ＢＦ型風呂釜は、昭和40（１９６５）年に風呂を沸かすだけのものが、最初に開発されました。その後、昭和43（１９６８）年に、給湯とシャワー機能を持ったＢＦ－ＳＲが開発されました。これが日本で最初の風呂釜と湯沸器との一体化されたガス機器の登場でした。一方、昭和45（１９７０）年には、大型湯沸器の発展形として、湯沸機能と暖房機能を持った、２缶２水給湯暖房機が開発されました。【図１６９ページ】

■業界初の２缶２水式ガス給湯暖房機

提供：パナソニック株式会社

風呂釜・大型湯沸器・大型暖房器の給排気方式は、排気筒→ＢＦ型→ＦＥ型→ＦＦ型と進化していきます。

昭和50（１９７５）年には、給排気不備によるＣＯ中毒事故に対応した究極のガス機器、屋外設置式風呂釜が販売され、昭和53（１９７８）年には屋外設置式湯沸器がそれに続きました。

■ガス機器の給排気方式一覧表

設置場所	燃焼方式	給排気方式	具体的内容
屋内	開放式	—	【ガスの燃焼】⇒屋内の空気で行われる。 【燃焼排ガス】⇒そのまま屋内に排出される。
	半密閉式	自然給排気式 **<CF式>** (Conventional Flue)	【ガスの燃焼】⇒屋内の空気で行われる。 【燃焼排ガス】⇒屋外に通じた排気筒で自然通気力(ドラフト)により屋外に直接排出される。
		強制排気式 **<FE式>** (Forced Exhaust)	【ガスの燃焼】⇒屋内の空気で行われる。 【燃焼排ガス】⇒屋外に通じた排気筒で排気用送風機を用いて、強制的に屋外に直接排出される。
	密閉式	自然給排気式 **<BF式>** (Balanced Flue)	【ガスの燃焼】⇒外壁に設置した給排気部から直接屋外の空気を取り入れ、屋内空気と隔離された燃焼室内で行われる。 【燃焼排ガス】⇒自然通気力を利用し、給排気部から直接屋外に排出する。
		強制給排気式 **<FF式>** (Forced Draught Balanced Flue)	【ガスの燃焼】⇒送風機の強制力を用いて、外壁に設置した給排気部から直接屋外の空気を取り入れ、屋内空気と隔離された燃焼室内で行われる。 【燃焼排ガス】⇒送風機の強制力を用いて、給排気部から直接屋外に排出する。
屋外	—	屋外式 **<RF式>** (Roof Top Flue)	【ガスの燃焼】⇒屋外に設置するように設計されたガス機器により、屋外の空気をガス機器に取り入れて燃焼させる。 【燃焼排ガス】⇒そのまま屋外に排出する。

出典:経済産業省 原子力安全・保安院委託調査

その後、風呂釜・大型湯沸器・大型暖房機器の大きな流れはますます進化し、一台の外置式のガス機器で、風呂・給湯・暖房の３つの機能をまかなうことが出来るシステムへと発展していきます。

これは、温水を利用して住まい全体を快適にする、ガストータルシステムです。部屋や暮らしに合わせて、自由なシステムプランが作れます。例えば、リビングには床暖房、浴室にはミストサウナなど、家中どこでも快適と安心で満たすことができます。この理想的なガストータルシステムは、昭和40〜50年代のガス死亡事故が多発した時代に、業界全体が一体となり、全力をつくしたことで、生まれたシステムといえます。

平成の時代に入り、ガス暖房機器は、エアコン（冷暖房機器）としても、進化を続けてきました。平成２（１９９０）年には、温水式ガスエアコン【図１７１ページ】ができました。これは、パワフルで、スピーディーなガス暖房を活かした製品でした。

■温水式ガスエアコン

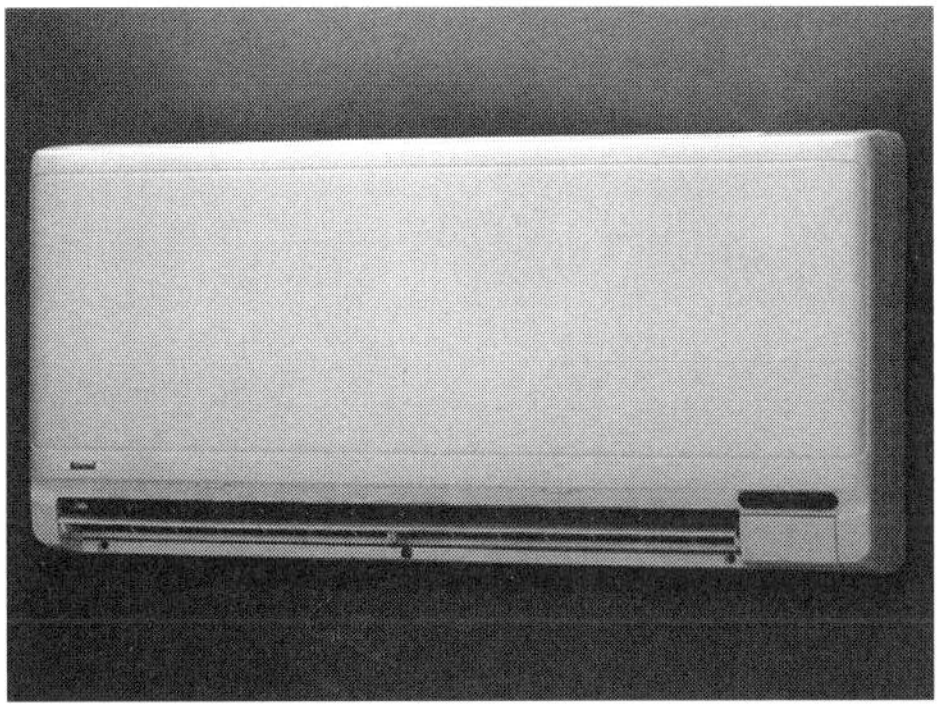

提供:リンナイ株式会社

平成9（1997）年には、世界初の吸収式ノンフロンタイプの家庭用ガスエアコンが発売されました。平成13（2001）年には、第11回省エネ大賞を受賞した、潜熱回収型給湯暖房機【図172ページ右】が発売されました。

このように、家庭用ガス機器は、風呂・給湯・床暖房を含むエアコン・乾燥等を一括して取り扱う、外置型で完全に安全な機器として発展してきています。

⑤ 厨房機器

昭和30（1955）年代に入り、住宅も大きく近代化が進みました。ガスコンロも、昭和32（1957）年に、日本で初めての、自動点火（ヒーター）付きガスコンロが、登場しました。

昭和39（1964）年には、コンロ兼用グリル付き

■潜熱回収型給湯暖房機

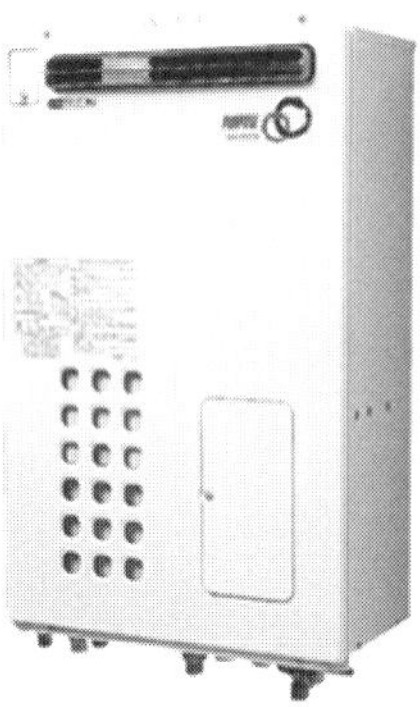

提供：パーパス株式会社

■コンロ兼用グリル付ガスコンロ

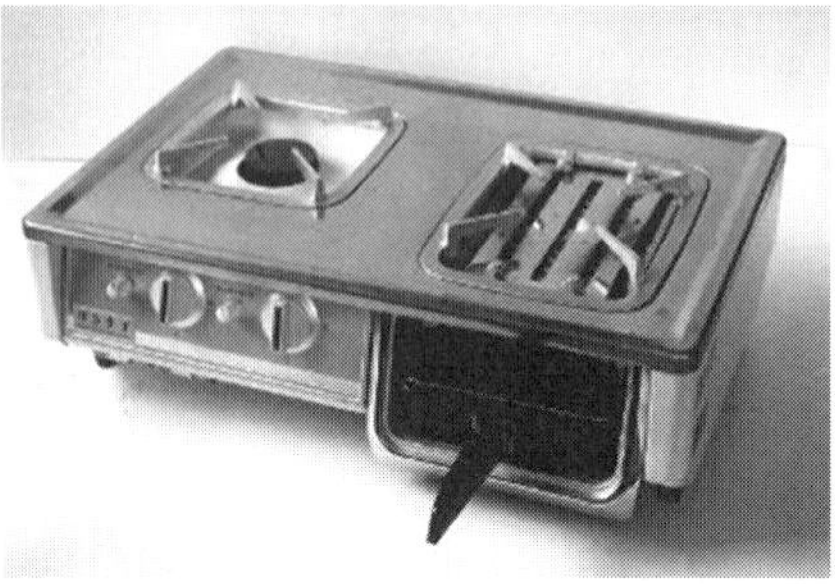

提供：リンナイ株式会社

ガスコンロ【図172ページ左】が発売されるなど、各種機器特性が向上したガス厨房機器が、登場し始めていました。昭和40年代に入ると、ガス厨房機器はさらに進化し、両面グリル付きガスコンロ、圧電点火式ガスコンロ、ガス高速レンジ【図173ページ右】、などが続々登場しました。

昭和40年代後半からは、台所にもっと使いやすく、綺麗で、豪華なシステムキッチンが登場しました。それに合わせて、ガス厨房機器も、ビルトインガスコンロ、ガスコンビネーションレンジなどの新機器が開発されていきました。

昭和49（1974）年には、初めてセラミックプレートを使った、ガス赤外線グリル付ガステーブルが登場しました。この年には、電池で連続放電する点火機構を載せたガスコンロ【図173ページ左】も発売されました。この方式は、今も点火方式として、広く使われています。

■連続放電点火機構搭載ガスコンロ

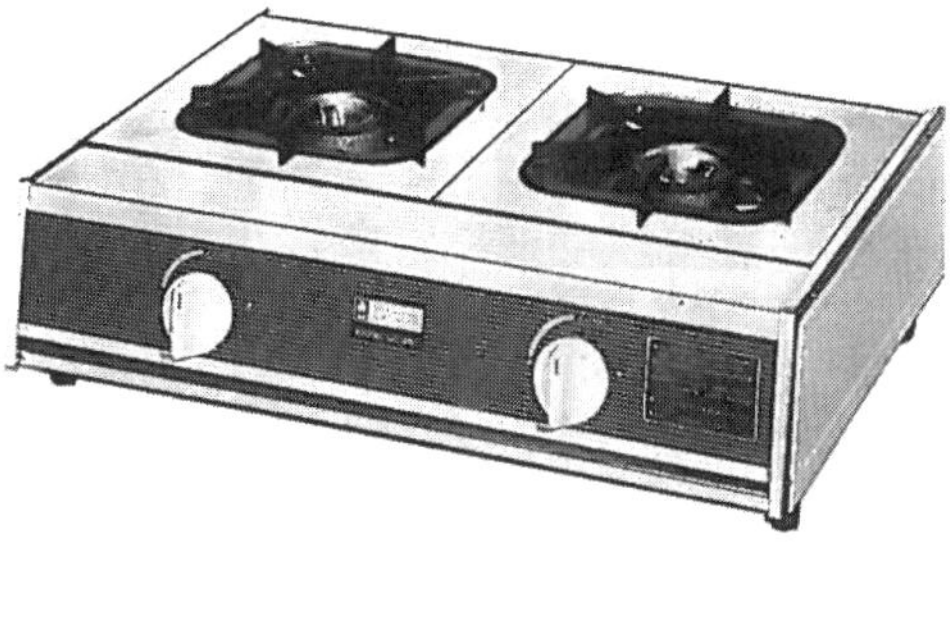

提供:株式会社ハーマン

■ガス高速レンジ

提供:リンナイ株式会社

ガス厨房機器によるガス事故は、換気不良によるCO中毒は比較的少なく、誤使用による、ガス消し忘れによる火事、てんぷら火災、やけどなどのガス事故が多くなっています。昭和50年代末ごろから、誤使用してもガス事故にならない安全装置付ガス厨房機器が、開発され始めました。昭和59（1984）年には、立消え安全装置標準搭載ガスコンロが発売されました。昭和60（1985）年には、業界初の、てんぷら火災防止温度センサー付ガステーブルが発売となっています。

平成に入ると、厨房機器の誤使用防止安全装置は、さらに進化して、点火不良、過熱防止、てんぷら油火災防止、点けっぱなし防止などの機能が取り付けられるようになりました。

平成16（2004）年には、次世代型ガスコンロとして、AC100V電源で動かし、温度表示や声でのお知らせ機能つきのコンロが発売になっています。【図174ページ】

■次世代ガスコンロ

提供：株式会社ハーマン

⑥接続器具

昭和30年代の主な接続器具は、以下のようなものでした。

【接続具の種類】

○赤ゴム管……大部分はこのタイプでした。

○よろいゴム管……亜鉛メッキ鋼板をらせん状にした中へ、ゴム管を通して使います。

○絹巻らせん管……亜鉛メッキ鋼製らせん管の合わせ目を、細いゴム糸で機密にして、その上に人絹糸を編み上げ、更に透明ビニールを被覆したものです。【図175ページ右】

【ガス栓の種類】

○通常のコック式ガス栓【図175ページ左】

○バネカラン……ゴム管がガスコックのゴム管口から外れると、自動的にガスが止まる構

■コック式ガス栓

提供：東京ガス ガスミュージアム

■絹巻らせん管

提供：東京ガス ガスミュージアム

造のものです。

○ボックスカラン……床面に取り付け、使わない時は、ふたが床面と同じ高さになります。

○埋込カラン……壁に埋め込んで取り付け、ゴム管差込口を壁内に納めてあれば、コックを開いてもガスが出ないようになっています。【図176ページ】

【器具栓】

ゴム管口と器具コックから出来ています。

昭和30年代前半に、都市ガス需要家数が急に増えたので、都市ガスの製造工場が新設されましたが、その製造ガス中のＣＯ濃度はこれまでより増えていました。そのため、接続器具（接続具、ガス栓）による事故が急に増えました。

具体的な原因は、

○ゴム管外れ

○ガス栓誤開放

■壁に埋込式のコンセントカラン

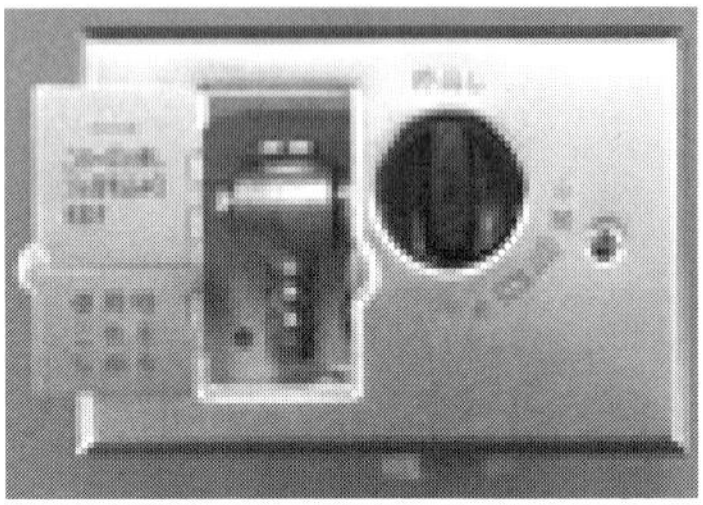

提供：光陽産業株式会社

○ガス自殺

などにより、生ガスCO中毒事故が急増したのです。

その後、都市ガス中のCO濃度を減らすために工場内にCOコンバーターを設置しました。そのため都市ガス中のCO濃度は減少し、接続具不備、ガス栓誤開放などによる生ガスCO中毒事故は減っていきました。しかし、都市ガス需要家数はさらに増えたので、古いゴム管外れ、ガス栓誤開放など、接続器具による生ガスCO中毒事故件数は、大きくは減りませんでした。

そのような状況から、昭和30年代の末頃からは接続器具の安全化も、次第に進められていくようになりました。昭和39（1964）年には、利便性と、安全性の両方を兼ね備えた、ガス栓の迅速継手、「カ

■ガス栓の迅速継手「カチット」

	取り付け	取り外し
ヒューズガス栓	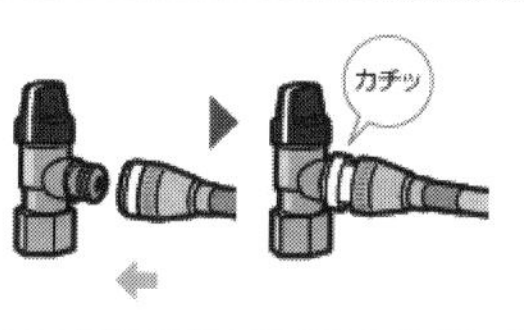	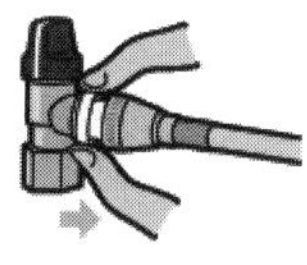
ガスコンセント（壁型）		

出典：日本ガス石油機器工業会

チット」【図177ページ】が開発されました。

昭和30年代に開発された安全ガス栓、バネカランの欠点は、ゴム管がガス機器側で抜けた場合、生ガスが、バネカランから出っ放しになる事でした。そこでこの欠点を補ったのが、「ヒューズガス栓」でした。ゴム管が器具側で抜けて、大量の生ガスが放出されると、ガス栓内に入っているボール弁が働き、生ガス放出が止まるのです。この、「ヒューズガス栓」【図178ページ】は、その後、各種ガス栓の安全装置として、多く採用されています。

昭和40年代に入り、それまで接続具として多く使われていた赤ゴム管は、老化が早く、古くなると抜けやすく破損しやすいので、それに代わる、より強く老化しにくい青ゴム管が販売されるようになっていきました。さらに、昭和28（1953）年から製造・販売されていた、絹巻らせん管も、抜けやすく外れやすいので、昭和45（1970）年には、製造が中止されました。

■ヒューズガス栓

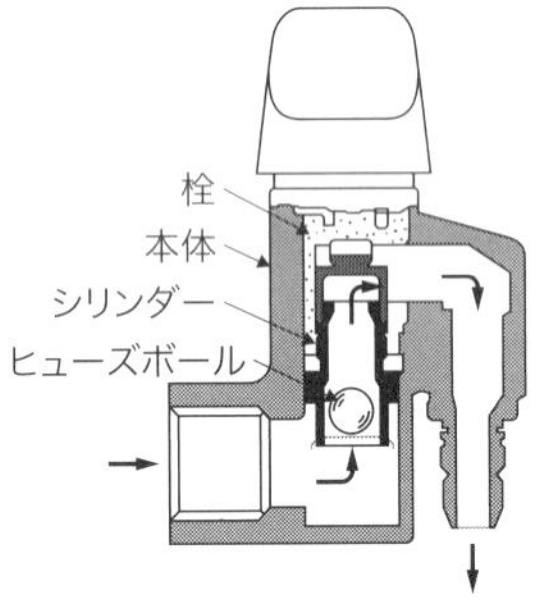

出典：日本ガス協会

平成2（1990）年に、ガス栓の開閉つまみをなくし、接続具の着脱により開閉される、操作性が良く、安全性の高い、「ガスコンセント」が、初めて使われました。「ガスコンセント」に接続する「ガスコード」【図179ページ】には、「ゴム管用ソケット」が必ず使われます。

平成8（1996）年には、青ゴム管が製造中止され、その後は、より強い「ガスコード」、「ガスソフトコード（ゴム管）」、「強化ガスホース」、「金属可とう管」などが使われています。現在では、ガス接続器具によるガス事故は、ほとんどなくなっています。

⑦ガス警報器（ガス漏れ・CO検知・火災対応）

ガス機器事故防止対策としては、使用者が誤使用しても、重大事故を発生させないという、機器本体のフェイルセーフの思想が必要です。それに並行して、機器自体の不良があっても、異常時の状況を感知して警報を鳴らし、事故原因を防止する

■ガスコード接続

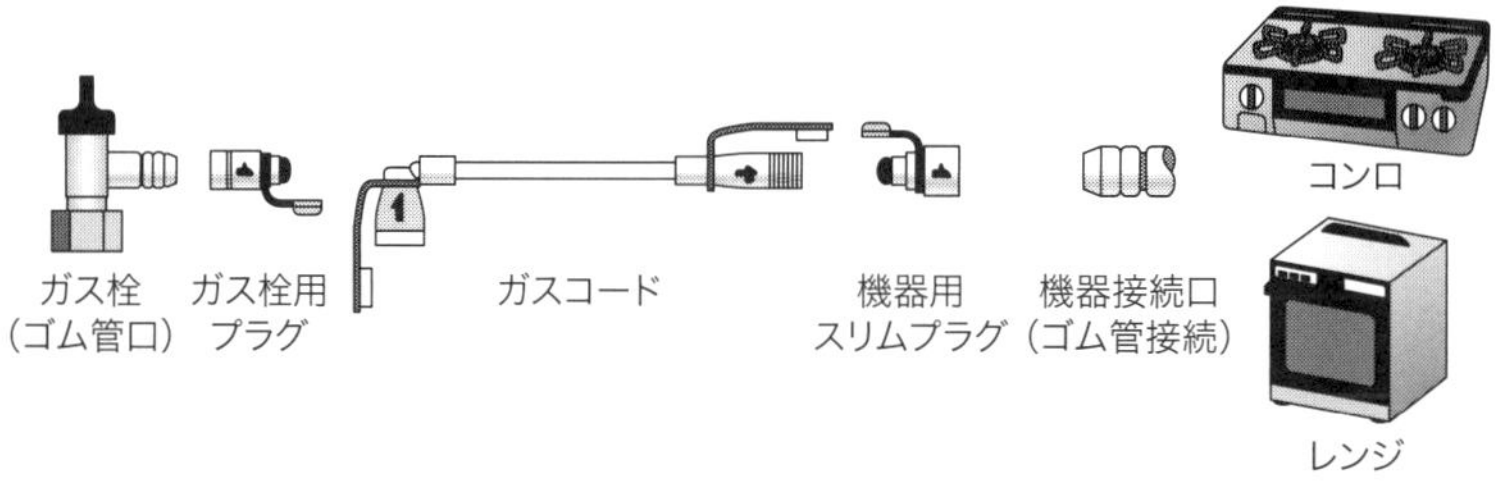

出典：ガス機器の設置基準及び実務指針（日本ガス機器検査協会発行）

ガス警報器の役割も重要であり、このための開発・普及も行われてきました。

ガス警報器は、単体としては、家庭でのガス機器使用にともなう事故防止に貢献していますが、地下街、大規模建物や共同住宅など複数需要家向けには、ガスもれセンサーとガス導管の遮断弁を組み合わせた安全システムとしての連動型警報器の役割が、事故防止に貢献しています。

こういったガス警報器の普及は、平成20年代以降の都市ガスによる重大事故発生件数「ゼロベース」にも大きく寄与しています。

ガス警報器の開発には、誤報対策の進化が重要な要素になります。このためセンサー技術の改良研究は、次の新商品開発にもつながっていきます。結果、微量成分の検知のための各種新製品が開発されガス関連事故予防関連や火災防止対策、その他環境対策等各方面に活用されています。

都市ガス用ガス警報器の開発・普及の経緯は、以下の通りです。

当初、あまり使用されていなかったガス警報器の、都市ガスでの使用・普及拡大を目指し、ＣＯ検知センサーを搭載した「ガス漏れとＣＯガス検知」の複合型警報器の開発が行われ、昭和58（１９８３）年に販売が開始されました。

平成12（2000）年には、都市ガス用ガス警報器として、従来の火災報知器に、CO検知・ガス漏れ検知機能を付加した、3センサー方式のガス警報器が販売されました。【図181ページ右】

更に、ガス警報器とマイコンメータを接続し、ガス警報器が作動した場合、マイコンメータがガスを遮断する機能も追加され、今日のガス事故ゼロベースに貢献しています。

平成27（2015）年には、従来のガス警報器に、付加機能として熱中症予防の警報、乾燥警報等の機能が付いたものも販売される様になりました。【図181ページ左】

■火災報知器連動ガス警報器

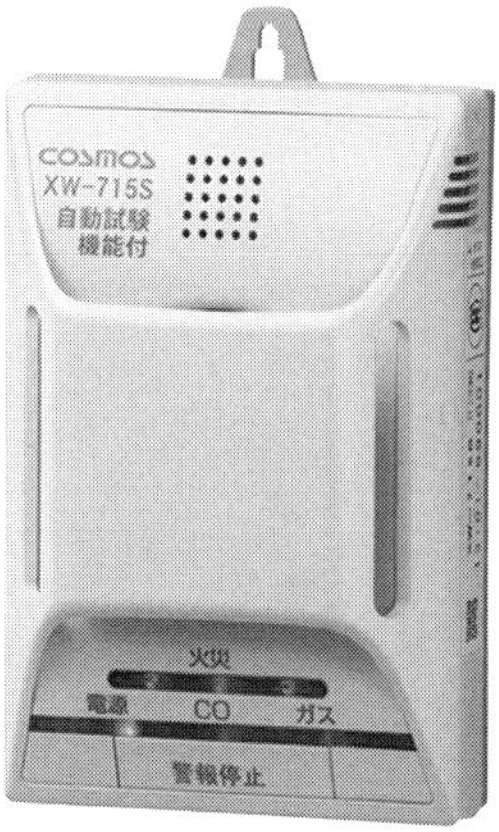

提供:新コスモス電機株式会社

■熱中症警報機能付ガス警報器

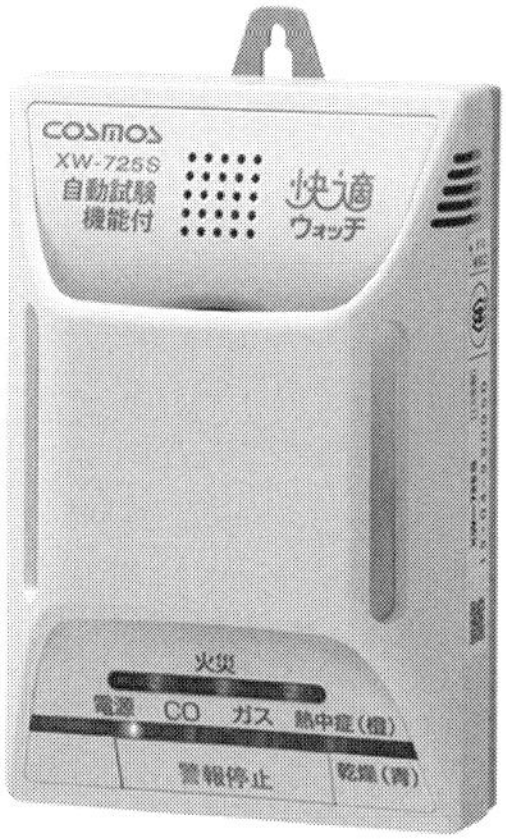

提供:新コスモス電機株式会社

2 最新の機器・システムの紹介

ここではフェイルセーフの安全システムや、快適性、省エネ性、機能性、健康などにも配慮した最新の機器・システムを見ていきます。

①フェイルセーフの観点から見た最新の機器の状況

1 風呂・給湯・温水暖房システム

風呂・給湯・温水暖房システムの、ガス燃焼機器は、外置式となっているので、給排気によるCOガス中毒の恐れは全くありません。また、空焚き防止、加熱防止など、火災防止安全装置も付いているので、火災の心配もありません。地震災害、などの異常時は、マイコンメーターが、ガスの供給を止めてくれるので安全です。このように、現在のガス機器・システムは、地震災害も考えた安全システムになっているので「ガスは安全」なのです。

2 厨房機器

1日に何回も使う厨房機器は、うっかりミスや高齢化による消し忘れなどガス事故に結びつくことがいろいろありますが、最新の厨房機器は、それらのミスに完全に対応する、フェイルセーフなものになっています。現在の厨房機器には以下のような機能がついています。

〈1〉立ち消えを防ぐ

煮こぼれや風のせいで、知らない間に火が消えてしまっても、自動でガスを止めてくれます。

〈2〉消し忘れを防ぐ

うっかり火を消し忘れていても、コンロは約120分、グリル両面焼きは、約15分、グリル片面焼きは、約20分~30分で自動消火します。

〈3〉天ぷら油の過熱を防ぐ

天ぷら油が燃え出す温度の、ずっと手前の約250℃になると、センサーが自動で火を弱くします。さらに温度が上がっても、ガスを止めて発火を防ぎます。

〈4〉さらに安全性を高める、安心機能

鍋を置いていないときは点火せず、点火中に鍋を外すと弱火になります。また、万が一鍋を外して放置しても、1分後に自動消火してくれる「鍋なし検知機能」や、コンロ使用中に震度4~5程度の揺れを感知すると、機器本体が自動的に消化してくれる「感震機能」がついたコンロもあります。

3 小型湯沸器

小型湯沸器は、短時間でかなり多くの空気を使うため、換気が十分でないと、CO中毒事故を起こす可能性があります。約30～50年前には、小型湯沸器によるCO中毒事故が多く起きていました。しかし現在の小型湯沸器には、CO中毒事故を絶対に起こさせない、「不完全燃焼防止装置」がついています。小型湯沸器のガスバーナーが、換気不良により不完全燃焼を起こし、COを発生するかもしれない状況になると、「不完全燃焼防止装置」が作動し、機器を止めます。さらに、「不完全燃焼防止装置」が、3回連続で動くと「再点火防止装置」が作動し、湯沸器は使用できなくなります。そうなると、小型湯沸器の販売店に連絡して、専門家にチェックしてもらってからでないと、使うことができない仕組みになっています。

小型湯沸器の不完全燃焼によるCO中毒は、死亡事故につながる可能性があるので、最大限の機能をもった安全装置がつけられています。さらなる安全装置として、点火後約10分で自動的に消火する「消し忘れ防止装置」、「立消えなどで炎が消えると自動的にガスを止める「立消え安全装置」、正常に点火しなかったらガスを止める「点火時炎検出装置」、機器内部の温度が異常に高くなったときはガスを止める「加熱防止装置」などのフェイルセーフ安全装置もついています。

今では、小型湯沸器のガスCO中毒事故の発生は、ほとんどなくなっています。

4　ガスストーブ

部屋の中で、ガス暖房をする機器は、ガスファンヒーターが主なものです。ガスファンヒーターは、部屋の中の空気を使ってガスを燃やすので、長い時間使うときは、部屋の換気が重要です。昔は、部屋の中で使う、開放型ガスストーブで、ガスCO中毒事故が多発していました。

今のガスファンヒーターには、間違った使い方をしても、絶対にCO中毒事故等のガス事故を起こさない、フェイルセーフな安全装置が付いています。

安全装置としては、「不完全燃焼防止装置」、「立ち消え安全装置」、「加熱防止装置」、「転倒時ガス遮断装置」、「停電時安全装置」、「過電流防止装置」、「換気不良時に換気を促すサイン点滅とお知らせ音」などが付いています。

それにより、約30～50年前に多発した、開放型ガスストーブのガスCO中毒事故は、ほとんどなくなりました。

②機能性・省エネ性・快適性・健康等に配慮した機器・システムの紹介

■1　機能性①＝トータルエネルギーシステム

これは、温水を利用して、住まい全体を快適にするシステムです。

各部屋や暮らし方に合わせて、自由なシステムプランが立てられます。例えば、リビング

には床暖房、浴室にはミストサウナなど、家中を快適さと安心で満たすことができます。【図186ページ】

■2 省エネ性＝高効率・高機能熱源機「エコジョーズ」

エコジョーズは、従来型給湯器（スタンダード）では、83％が限界だった給湯熱効率を、排気熱・潜熱回収システムにより、95％に向上させました。これにより、省エネルギー・高効率・低NOxを実現しました。さらに、高い安全性も備え、安心して使えます。

エコジョーズの特徴は以下の通りです。

〈1〉環境性

エコジョーズは、潜熱回収システムにより、大気中への熱の放出を低くして、CO_2排出量を削減し、地球温暖化防止に貢献します。

〈2〉低ランニングコスト

約95％まで向上した給湯熱効率により、省エネルギーを実現し、ランニングコストが、安く

■トータルエネルギーシステム

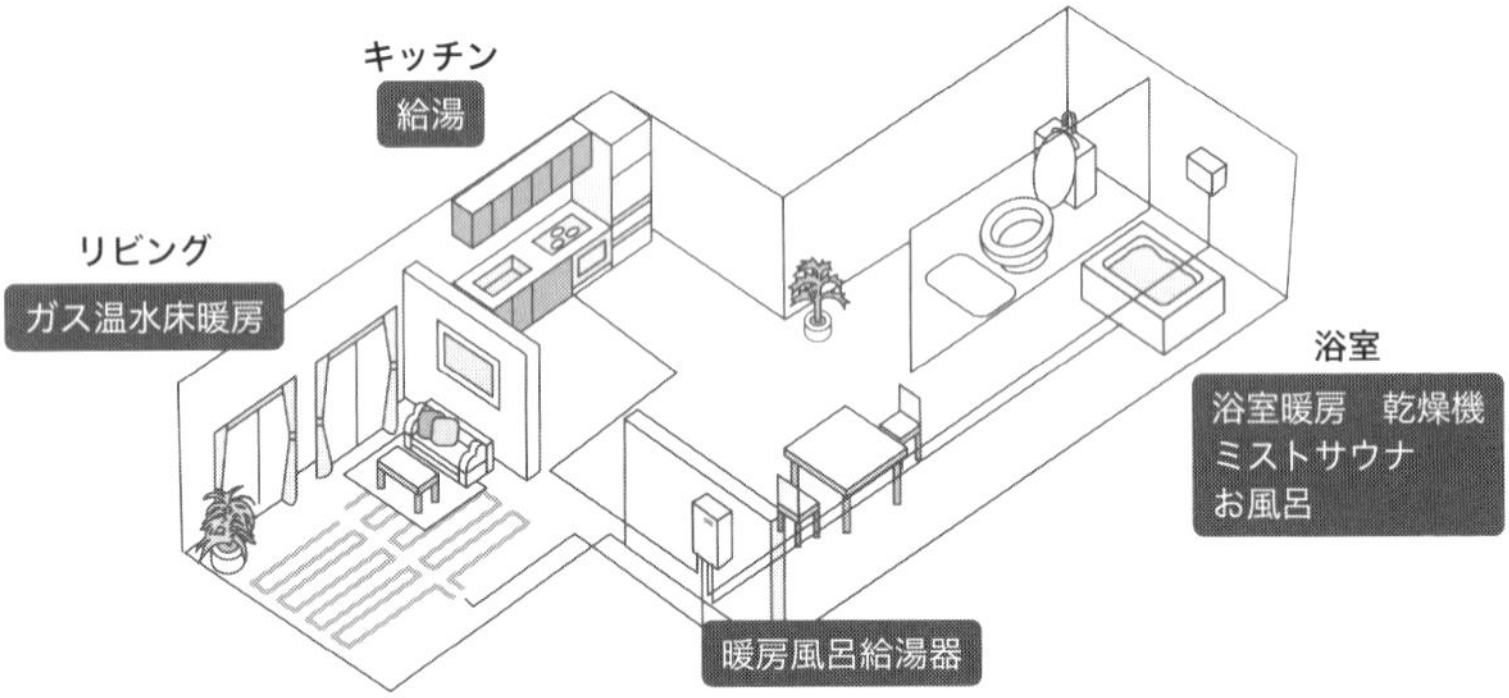

提供：東京ガス広報部

なりました。ガス使用量を減らせるため、従来型給湯器と比べて、節約になります。

〈3〉湯切れ知らずの瞬間式

エコジョーズは、加熱された熱交換器で瞬間的にお湯を作ります。必要な時に必要なだけお湯を沸かす瞬間式なので、湯切れすることはありません。また、キッチンや洗面などで同時使用が可能で、シャワーの同時使用もできます。

〈4〉コンパクトで省スペース

瞬間式のエコジョーズは、お湯を沸かして貯めておく貯湯タンクがないのでとてもコンパクトです。

〈5〉安全性

潜熱を回収する二次熱交換器はステンレス製で、耐久性に十分配慮した設計であり、耐腐食性になっています。さらに、酸性ドレン水を中和するための装置を持っています。

3 快適性1＝ガス温水床暖房

床全体をほぼ均一に暖める床暖房なら、部屋の上の方ばかり暖まって、のぼせるようなことはありません。身体は、広い面積からのふく射と熱伝導によって熱を吸収するので、まるで陽だまりのような暖かさです。床暖房は、床仕上げ材の下に温水マットを敷いてあるので、機器本体が見えません。燃焼部分も外にあるので、室内の空気を汚すことなく、運転音も静かです。部屋の隅々まで広々と使うことができます。そのため、最近の多くの新築住宅では、ガス温水床暖房が標準設置されています。

■4　快適性②＝ミストサウナ付き浴室暖房乾燥機

ミストサウナは、短時間で体の芯からしっかり暖まり、気持ちよく発汗します。浴室暖房乾燥機には、4つの機能があります。

1つ目は冬場のヒートショック対策の浴室暖房、2つ目はパワフルな温風の衣類乾燥、3つ目はカビの発生を抑えて掃除も簡単になる浴室乾燥、4つ目は夏でも涼しく入浴できる送風機能です。

■5　機能性②＝ガスシステムキッチン

ガスシステムキッチンの特徴は、主に以下の3点です。

1つ目は、火力の強さです。ガスコンロの魅力は、何と言っても火力の強さです。ガスの炎で、本格的な料理が思う存分楽しめます。2つ目は、火加減が自由自在ということです。中華料理などの高火力から、煮込み料理などのとろ火まで、火加減を思いのままに調節できます。3つ目は、同時調理ができるということです。すべてのコンロとグリルを使って、同時にたくさんの調理ができるので、調理時間が短縮できます。

③都市ガスによる究極の家庭用エネルギーエコシステム

近年注目を浴びているものに、家庭用燃料電池と太陽光発電を組み合わせたエネルギーシステムがあります。

燃料電池とは、「水の電気分解」と逆の原理で発電させるシステムです。水の電気分解は、水に外部から電気を通して水素と酸素に分解しますが、燃料電池はその逆で、水素と酸素を電気化学反応させて電気を作ります。

家庭用燃料電池システムの仕組みは、以下の通りです。【図189ページ】

■1 発電の仕組み

都市ガスから取り出した水素と、空気中の酸素を反応させて発電します。

■2 給湯の仕組み

発電時に生れる熱を回収し、約60℃のお湯を作り、給湯に使います。バックアップ熱源機

■家庭用燃料電池システムの仕組み

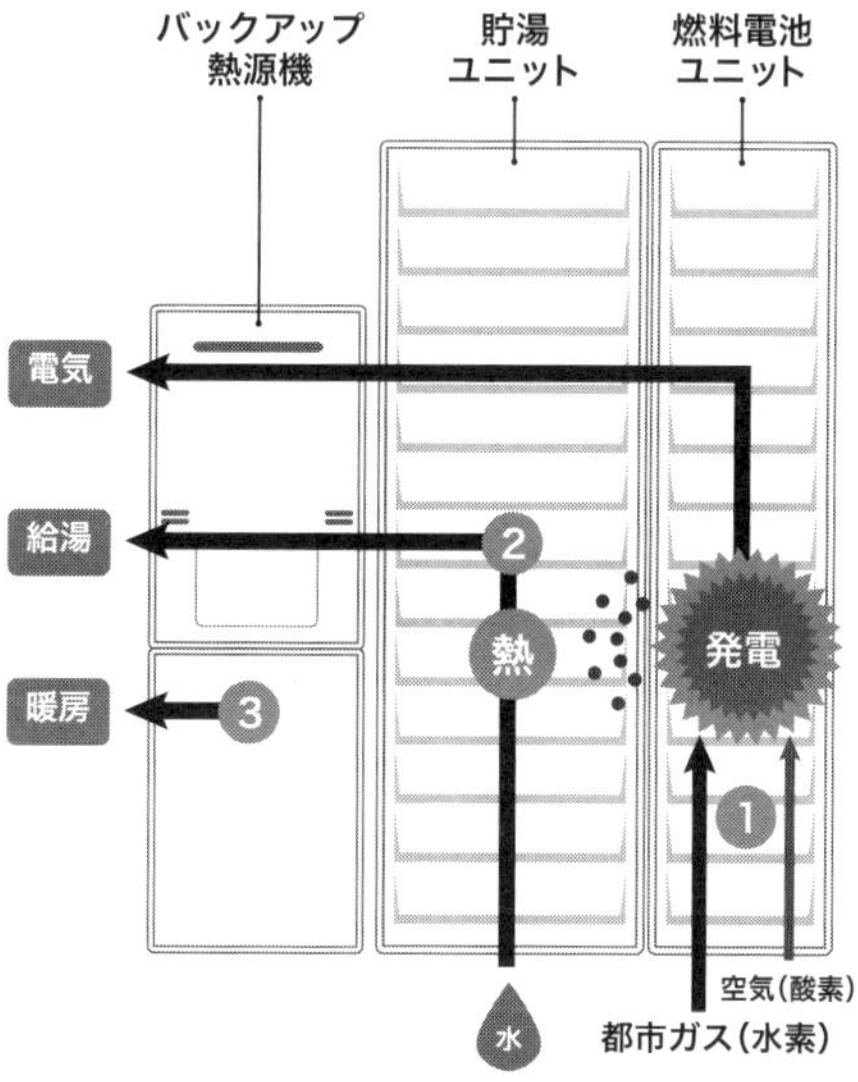

提供:東京ガス広報部

	昭和40(1965)年代まで	昭和50(1975)年代まで	平成元(1989)年〜 平成31(2019)まで
	○**BF式ガス給湯器付風呂釜(S42)**	○**屋外専用型ガス風呂釜(S50)**	
	○**ガス(風呂)給湯・暖房機器〈2缶2水式〉(S45)** ○**FF型ガス(風呂)給湯・暖房機(S47)** ○**FE型ガス湯沸器(S47)**	○**屋外設置式ガス(風呂)給湯器(S53)** ○**屋外設置型コンパクトガス(風呂)給湯器(PS設置型)(S56)**	○**家庭用燃料電池「エネファーム」(H21)**
	○圧電点火式ガス瞬間湯沸器(S41)	○**不完全燃焼防止装置付ガス瞬間湯沸器(S58)**	
	○**ガスFF暖房機(S45)** ○**ガスFFエアコン〈冷暖房〉(S48)** ○**ガスセントラルヒーティングシステム(S42)**	○**暖房・(風呂)給湯セントラルシステム〈TES〉(S50)** ○**住棟セントラル暖房・(風呂)給湯システム〈HEATS〉(S52)**	○**高効率TES(潜熱回収型)(H13)**
		○**ガスファンヒーター〈不完全燃焼防止装置標準搭載〉(S55)**	

【注】太字は、ガスCO中毒事故を起こさない、各種(BF・FE・FF・外置・不完全燃焼防止装置付)安全機器を示す。Sは昭和、Hは平成の略。

■ガス機器の近代化の実現(安全化策を講じたガス機器開発の歴史)

		昭和20(1945)年代まで	昭和30(1955)年代まで
風呂釜		○早湯釜(S6)	**○BF式ガス風呂釜(S39)**
湯沸器	大型	○駐留軍向けガス湯沸器の生産(S21) ○先止式ガス湯沸器(S29) ○国産初先止ガス湯沸器(S7)	**○BF式大型湯沸器(S37)**
	小型	○ダイヤフラム式空焚防止付ガス湯沸器(S26) ○国産初元止式ガス湯沸器(S5)	○関連コック式空焚防止付ガス瞬間湯沸器(S32) ○乾電池式ガス瞬間湯沸器(S36)
暖房機	大型	○バルカン式ストーブ(S25)	○シュバンク式ガス赤外線吊下げストーブ(S32)
	小型	○各種スケレトン式ガスストーブ(S20) ○板金性ガスストーブ(S25) ○国産初スケレトン式ストーブ(S1)	○シュバンク式ガス赤外線セラミックガスストーブ(S32)

もついているので、お湯切れの心配もありません。

■3　暖房の仕組み

床暖房やミストサウナに使う温水は、バックアップ熱源機から作られます。太陽光とのダブル発電をすると、家庭内のCO_2削減量も向上し、CO_2排出量削減効果もさらに大きくなります。家庭での発電量が増え、売電量も多くなり、経済的です。

第8章

マイコンメーターの開発と普及

あらまし

家庭内で使うガス機器・接続器具は、たとえ誤操作があっても「フェイルセーフ思想」による機構を付加することによって安全化を推進しました。

さらに、室内のガス配管からの漏洩防止や、ガス機器の長時間使用防止及び大地震発生時の火災を防止するため、昭和58（1983）年に画期的な製品が生まれました。それが「マイコンメーター」です。「マイコンメーター」は事故防止策の切り札として登場しました。

1 開発の必要性

昭和40年代以降、ガス機器の普及に伴うガス機器事故防止対策の一環として、ガス漏れ事故を未然に防止するため、新型ガス栓・安全型ガス機器・新型接続具など個別の機器に関しては、ガス機器事故を防ぐ仕組みが徐々にできてきていました。

これは、新規の買替用機器としては有効ですが、既存の旧型ガス栓・ガス機器・接続具を有する需要家に対しては、その安全な使い方に期待するしかありません。当面、ガス漏れを知らせるガス警報器の存在はありましたが、万が一に備えて、事故発生時に住宅内配管系全体の遮断機能があれば安心です。

一方、安全な新型ガス栓でも、故意に破壊するなどして都市ガスを放出し、ガス自殺を図る人が未だにいました。当時は、従来の石炭系ガスからメタン系の天然ガスになっていますから、ＣＯ中毒にはなりませんが、失敗するとガス爆発という事態が起こります。この爆発が起きたときの現場写真が各新聞社の社会面で大きく掲載されることが多く、都市ガス事業者にはマイナスイメージがありました。

都市ガスを使うための使用上の注意事項を需要家に伝えるための「安全周知」だけに頼る「ソフト対策」には限界があるため、「フェイルセーフ思想」による抜本的な「ハード対策」が求められました。

室内のガス設備からのガス漏れや、ガス機器の長時間使用等の異常が検知された時にガスを遮断する仕組みを模索するなか、新たな技術開発対象が現れました。それが「マイコンメーター」です。

具体的には、室内のガス設備から漏れるガス量を検知し遮断することと、需要家が室内型機器（小型湯沸器、開放型ストーブなど）を長時間使用した場合、異常値を検知し、遮断することです。

ガスの放出を防ぐ機能等の個別の安全対策と並行して、自然災害時、特に大地震発生時の安全対策として、「感震器」（地震の振動を検知）の機能を付加しました。

これにより、建物内ガス設備の元からのガス遮断により、火災などの発生を防止する役割を果たす効果を期待したのです。

2 東京ガスにおけるマイコンメーター開発の経緯

①開発のきっかけ

昭和55（1980）年、ガス自殺関連の爆発事故が発生した際、当時の東京ガス村上武雄社長の発想と示唆があり、具体的な戦略的商品の開発が始まったのです。

爆発事故を報告した際、村上武雄社長がつぶやいた言葉は、「電気のブレーカーのようなものが作れないか」ということでした。

即、技術系役員に指示が出されました。その指示とは「目標価格5000円、2年間で製品化するための開発研究」であり、きわめて明快な経営判断でした。

昭和56（1981）年に商品開発部（当時）より具体的アイディアが示され、緊急にプロジェクトチーム（部長藤本訓孝、リーダー川瀬晃他4名）を結成、開発に着手しました。

②開発の経緯と普及

都市ガス需要家の室内配管からの抜本的なガス漏れ対策は、従来からも商品開発技術者として研究を継続していました。しかし、ガスメーター内のガス通路に、異常時に作動してガスを遮断する遮断弁を設置するという画期的アイディアには、異常を判断させ弁を作動させるための指令装置、遮断弁およびそのための電源などが必要であり、これらの部品の開発が難関でした。

当時は、これらの部品に応用できる要素技術が日本の家電などの製造業で次々と開発されていた時代であり、低消費電力のマイコン、自然放電の極めて少ないリチウム乾電池、待機電力ゼロの遮断弁、異常の一つである地震を検知する小型センサーなどの要素技術を部品に組込むことが可能だったのが幸いでした。

プロジェクトチーム、および開発協力者である松下電器産業（現在のパナソニック）の研究により、2年後にはガスメーターと一体型の形態で、10年間作動可能な安全装置「マイコンメーター」の開発および試験的製作に成功したのです。

「マイコンメーター」とは、ガスメーター内ガス通路に遮断弁を設け、内臓のマイコンがガス使用の異常状態および地震発生を判定し、遮断弁を閉じるものです。【図198ページ】

「マイコンメーター」の実用化のためには、ガス事業を指導する通産省の承認と、火災予防の観点から消防庁の了解が必要でしたが、折衝の末、この関係各所の承認もほどなくおり、昭和59（1984）年、「マイコンメーター」は無事発売にこぎつけることができたのです。

しかし、「マイコンメーター」の発案者である村上武雄社長は昭和56（1981）年に亡くなっていたため、完成品を見ることはかないませんでした。

完成直後は、指示された価格は達成できませんでしたが、その後、低コスト化実現のため、昭和58（1983）年に東京ガス、大阪ガス、東邦ガス、松下電器産業、メーターメーカー数社とで共同開発し、約3年間で低価格「マイコンメーター」を製品化しました。発売当初はリースで販売しましたが、3年後には、ガス会社負担で対応するようになりました。

■マイコンメーターの構造図（膜式メーター）

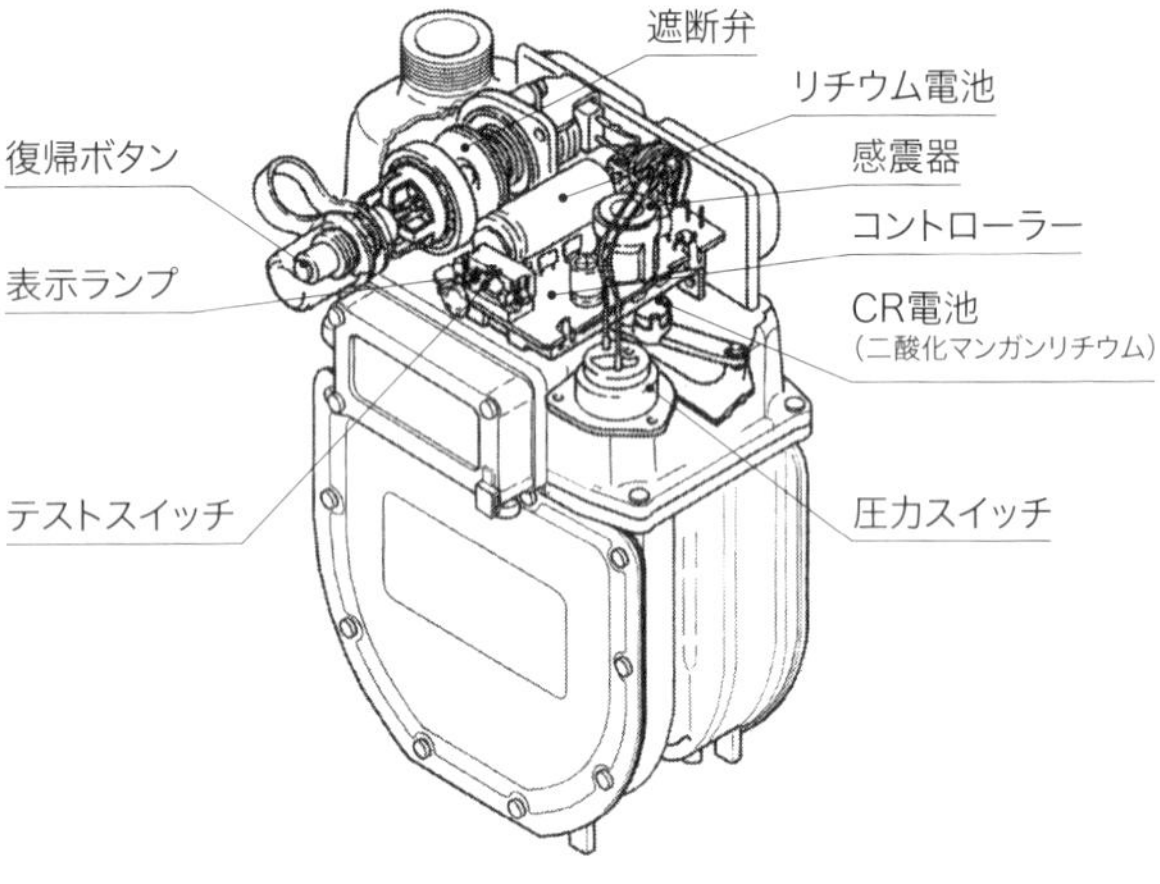

出典：日本ガス協会

3 マイコンメーターの基本仕様

①住戸内のガス漏れについては24時間監視状態になります。
②ガス漏れ、ガス機器の長時間使用など異常時には自動停止します。
③爆発防止対策として、大量にガスが流れたと判断すると、異常時ととらえ、自動的にガスを遮断します。以前は自殺志願者の行為が原因で爆発事故が発生したが、現在は皆無です。
④大地震発生時には震度5以上で自動停止状態になります。火災事故などの防止に貢献しています。
⑤自動停止後の復旧は需要家が簡単に操作できるよう周知ラベル付きです。
⑥万が一、対応できない需要家にはガス会社から出動して処置する仕組みになっています。

4 マイコンメーターの普及

大手都市ガス事業者三社においては、昭和58（1983）年に東京ガスが「マイコンメーター」の設置を開始し、大阪ガス・東邦ガスが続きました。「マイコンメーター」の設置にあたっては、需要家のガスメーターの検定満期（10年）交換時に、計画的に取り換えることで普及率向上を図りました。

その後、日本ガス協会の指導方針として、全国の都市ガス事業者で設置が開始され、平成7（1995）年の阪神・淡路大震災後は設置が加速されました。

LPガス業界でも監督官庁の指導も有り、全国の全需要家に「マイコンメーター」が設置されました。そのため現在では、全国の都市ガス、LPガス需要家約5千万件すべての需要家に設置済みとなり、大地震発生時の事故防止に大きく貢献しています。

5 大地震発生時のガス事故・トラブル対策に貢献

全国の都市ガス需要家のガスメーターが、全て「マイコンメーター」となっているため、近年各地で発生した大地震時での、都市ガスに関するガス事故・トラブルは減少しており、都市ガスが原因とされる火災発生数も減少傾向にあります。

過去の大地震発生の際は、都市ガス事故・トラブルの復旧には約1か月以上要していましたが、阪神・淡路大震災以降、東日本大震災、熊本地震、北海道胆振《いぶり》東部地震の経緯を見ると、都市ガス関連のトラブル発生の話題は大幅に減少していると見られます。

あとがき

我が国の都市ガス事業は明治時代初期に始まり、約150年の歴史がありますが、ライフラインの熱エネルギーの利用に関して、その一翼を担う都市ガス事業者は、保安（安全）に関する問題を常に重要事項としてとらえていました。

都市ガス事業は公益事業であり、公共性を有しながらも、同時に、民間企業として利益の追求が求められる企業体でもあります。従って、需要家に対し、公平な価格で安定供給と保安（安全）を前提とした役割が求められています。

明治、大正、昭和の実業家であり、東京ガス初代社長となった渋沢栄一が語った「公利・公益」の精神がまさしく都市ガス事業の思想を伝えていると思われます。

都市ガス事業の歴史を振り返ると、明治・大正の黎明期から戦後の昭和20年代まで、ガス機器はお客様の所有物の範疇であるという認識のもと、保安（安全）対策が遅れがちでした。本書で取り上げた昭和30～50年代はガス機器事故が多発した時代であり、このため、ガス事業者は徹底的な再発防止策に取り組むこととなりました。このたゆまぬ取り組みが今日のガス機器に関する安全化・近代化の道につながっています。

都市ガスという商品は、一般的な商品とは異なります。ガス栓を開けば、商品である都市ガスが使用者側に届くという便利な形態でありながら、一歩、取り扱い方を誤ると、人命や財産に直接影響を与えかねません。この危険性をはらむ商品という性質は〝火〟の取り扱いと同じく、昔から変わらぬ側面です。

近年、都市ガス事業は、従来の地域独占事業から、自由化の時代に入り、新規の事業者が参入できるようになりました。しかし、「保安（安全）」の重要性は変わりません。都市ガスを利用する需要家は、表面上の価格競争だけでなく、「価格＋保安サービス」を必要としています。この安全性に関する評価こそが、他の一般商品の評価と異なるところではないかと思います。

一般的な「なんとなくガスは心配」という利用者の潜在的な意識は、安全化がほぼ成し遂げられた現代も変わりません。生活スタイルが多様化している現在、ガスの利用のしかたも個々で異なり、様々なガス機器が選ばれています。このような状況下、都市ガス事業者は「保安（安全）」に対しては、建前でなく、それぞれの現状に即した対応をすることが求められています。

まえがきでも書きましたが、我が国の社会的慣行から、都市ガス需要側である使用者が人命や財産に影響が及ぶ重大事故を起こした際に、供給者（都市ガス事業者）の安全周知責任が問われ、行政指導の対象になることがあります。それは、都市ガス事業者が「専門家として、使用者の安全を守る」という道義上の責任を求められていることに他なりません。

たとえ使用者が誤って使用しても、大きな事故としないことを目指す、自主的な保安対策が求められているのです。使用者からの信頼を得るために、都市ガス事業に関わる者は「自主保安」を旨とし、一歩踏み込んだ具体的な実行策を講じなければなりません。「保安」と「販売」は一体のものであるという認識を持たなくてはならないのです。

都市ガス事業の保安の歴史を記すにあたり、過去の資料を調べる過程で、諸先輩たちの地道な活動を検証、ふり返ることができました。現在の「安全になった都市ガス」は、諸先輩たちが積み上げてこられた実績の上にあることを痛感し、深い感謝の念を新たにしました。ここに改めて編集委員、協力者、協力会社・団体の皆様方に御礼申し上げ、あとがきの言葉といたします。

本書編集委員

編集委員

代表　竹中富知男［(株）エフ・ユー　会長］
委員　関谷　捷紀［(株）エフ・ユー　技術コンサルタント］
委員　永井　邦朋［元東京ガス（株）社員］
委員　中川　安明［元東京ガス（株）社員］

協力者（敬称略、五十音順）

飯塚　隆幸［(株）エフ・ユー社員］
池田　勉［元東京ガス（株）社員（技術）］
金子　哲［元東京ガス（株）社員］
川瀬　晃［元東京ガス（株）社員］
神崎　茂治［元（株）ノーリツ社長］
菊竹隆太郎［(株）エフ・ユー　技術コンサルタント］
熊井　裕二［日本ガス協会　マネジャー］
重盛　徹志［新コスモス電機（株）会長］
高橋　豊［東京ガスGAS MUSEAM　がす資料館 副館長］
塚本　二郎［元東京ガス（株）社員］
仲元　達雄［元東京ガス（株）社員］
樋口修一郎［元東京ガス（株）取締役］
村瀬　孝輔［(株）エフ・ユー社員］

協力官庁・会社・団体（五十音順）

○一般財団法人日本ガス機器検査協会
○一般財団法人日本ガス協会
○一般社団法人日本ガス石油機器工業会
○一般財団法人ベターリビング
○大阪ガス株式会社
○株式会社ガスター
○株式会社ノーリツ
○株式会社ハーマン
○株式会社パロマ
○ガス警報器工業会
○キッチン・バス工業会
○光陽産業株式会社
○経済産業省
○新コスモス電機株式会社
○東京ガス株式会社

○東京ガス　GAS　MUSEAM
がす資料館
○東京ガス風呂販売店協同組合
○東邦ガス株式会社
○パナソニック株式会社
○パーパス株式会社
○細山熱器株式会社
○三菱電機株式会社
○リンナイ株式会社

参考文献（五十音順）

○「熱き仲間たちの記録」東京ガス
○「一個人」2018年2月号（KKベストセラーズ）
○「大阪ガス社史」大阪ガス
○「解説・都市ガス」（1985年）日本ガス協会
○「火災」（1985年）日本火災学会
○「GAS」（広報誌2015年〜2019年）東京ガス
○「ガスエネルギー新聞」（2017年〜2019年）
○「GAS　EPOCH　前編・後編」日本ガス協会
○「ガス器具の常識」（1963年）東京ガス
○「ガス資料館年報」（1982年）東京ガス
○「ガス事業便覧」日本ガス協会（経済産業省　資源エネルギー庁ガス市場整備室産業保安グループガス安全室　監修）
○「建築防災」（1979年・1999年）日本建築防災協会
○「五十年の歩み」日本ガス石油機器工業会
○「住宅設備」日本工業出版

○「縄文探検隊の記録」　夢枕獏／岡村道雄著（集英社）
○「設備開発物語」（2010年）建築技術支援協会
○「戦前のガス風呂開発の動向」　和田菜穂子（論文）
○「天然ガスプロジェクトの軌跡」東京ガス
○「東京ガス100年史」東京ガス
○「東邦ガス社史」東邦ガス
○「日本ガス協会誌」日本ガス協会
○「風呂と日本人　風呂の変遷」東京ガス風呂販売店協同組合
○「better living」ベターリビング
○「40年のあゆみ」　キッチン・バス工業会
○「私の履歴書　本田弘敏」（1968年）日本経済新聞

編　　者　「都市ガスはどのようにして安全になったのか？」編集委員会
代表者略歴

竹中 富知男（たけなか・ふちお）
1936年、富山県生まれ。1962年、横浜国立大学工学部応用化学科卒、東京ガス（株）に入社。生産、営業、導管関連業務および天然ガス転換業務などに携わり、ガス機器・導管関係の保安（安全）業務を約20年に亘って担当。この間、日本ガス協会の保安関連作業部会にも参加、東京ガスエネルギー（株）（LPガス販売業）に約5年間勤務し、LPガス業界保安業務活動に参加。2000年6月、退職。同年9月、（株）エフ・ユー創業、社長就任。2011年6月、会長に就任、現在に至る。
「都市ガスはどのようにして安全になったのか？」編集委員会代表。

※この本に関するお問い合わせ先
（株）エフ・ユー
〒103-0026 東京都中央区日本橋兜町13-1 兜町偕成ビル別館5階
TEL 03-5623-7007　FAX 03-5623-7008（竹中、村瀬）

都市ガスはどのようにして安全になったのか？

2021年9月30日　第1版 第2刷発行

編 著 者　「都市ガスはどのようにして安全になったのか？」編集委員会
発 行 者　佐々木 紀行
発 行 所　株式会社カナリアコミュニケーションズ
〒141-0031　東京都品川区西五反田1-17-1
TEL 03-5436-9701　FAX 03-4332-2342
http://www.canaria-book.com
印刷・製本　株式会社クリード

ISBN978-4-7782-0463-1